板書で見る 全単元・全時間の授業のすべて

理科

小学校6年

鳴川哲也・山中謙司 編著

東洋館
出版社

まえがき

　平成29年３月に学習指導要領が告示されました。２年間の移行措置期間を経て、新小学校学習指導要領は令和２年度より全面実施されます。

　今回改訂された学習指導要領には、予測困難な社会の変化に主体的に関わり、感性を豊かに働かせながら、どのような未来を創っていくのか、どのように社会や人生をよりよいものにしていくのかという目的を自ら考え、自らの可能性を発揮し、よりよい社会や幸福な人生の創り手となる力を身に付けられるようにすることが重要であるという考えが根底に流れています。そのために、これまで育成を目指してきた「生きる力」をより具体化し、育成を目指す資質・能力が三つの柱で整理されました。このような趣旨を踏まえ、小学校理科は以下のような改善がされました。

■　目標の示し方が変わりました

　資質・能力が「知識及び技能」、「思考力、判断力、表現力等」、「学びに向かう力、人間性等」の三つの柱で整理されたことを受け、目標もこの三つで示されました。また、柱書部分には、どのような学習過程を通して資質・能力を育成するのかについても明確にされました。

■　「理科の見方・考え方」が示されました

　「見方・考え方」とは、各教科等の特質に応じた物事を捉える視点や考え方として定義されました。各内容において、子供が自然の事物・現象を捉えるための視点や考え方を軸とした授業改善の取組を活性化させ、理科における資質・能力の育成を目指すことになります。

■　資質・能力を育成する学びの過程が重視されました

　従来、小学校理科では、自然の事物・現象に対する気付き、問題の設定、予想や仮説の設定、検証計画の立案、観察、実験の実施、結果の処理、考察、結論の導出といった問題解決の過程を重視してきました。この問題解決の過程において、どのような資質・能力の育成を目指すのかが明確になりました。それが具体的に示された「問題解決の力」です。

　本書は、このような小学校理科における学習指導要領改訂の趣旨を十分理解し、先駆的に授業に取り入れて実践を積み重ねている全国の先生方が分担して執筆したものです。本書から、小学校理科で大切にすることがご理解いただけると思います。読者の皆様の教職経験のステージに合わせてご活用いただき、日々の授業改善を行っていただければ幸いです。理科好きの子供たちが増えることを願ってやみません。

　最後になりますが、本書の編集に当たりご尽力いただいた先生方、編集、執筆に当たりご助言くださいました東洋館出版社編集部の皆様に心より感謝申し上げます。

令和２年２月吉日

鳴川　哲也

本書活用のポイント―単元構想ページ―

本書は、各学年の全単元・全時間について、単元全体の構想と各時間の板書のイメージを中心とした本時案を紹介しています。各単元の冒頭にある単元構想ページの活用のポイントは次のとおりです。

単元名

単元の並び方は、平成29年告示の学習指導要領に記載されている順番で示しています。実際に授業を行う順番は、各学校のカリキュラム・マネジメントに基づいて工夫してください。

単元の目標

単元の目標は、平成29年告示の学習指導要領から抜粋しています。各単元で身に付けさせたい資質・能力の全体像を押さえておきましょう。

評価規準

ここでは、指導要録などの記録に残すための評価を取り上げています。本書では、記録に残すための評価は、①②のように色付きの丸数字で統一して示しています。本時案の評価で思①などと登場したときには、本ページの評価規準と併せて確認することで、より単元全体を意識した授業づくりができるようになります。

---

1 燃焼の仕組み A(1) 8時間扱い

単元の目標

空気の変化に着目して、物の燃え方を多面的に調べる活動を通して、燃焼の仕組みについての理解を図り、観察、実験などに関する技能を身に付けるとともに、主により妥当な考えをつくりだす力や主体的に問題解決しようとする態度を育成する。

評価規準

知識・技能	思考・判断・表現	主体的に学習に取り組む態度
①植物体が燃えるときには、空気中の酸素が使われて二酸化炭素ができることを理解している。 ②燃焼の仕組みについて、観察、実験などの目的に応じて、器具や機器などを選択し、正しく扱いながら調べ、それらの過程や得られた結果を適切に記録している。	①燃焼の仕組みについて、問題を見いだし、予想や仮説を基に、解決の方法を発想し、表現するなどして問題解決している。 ②燃焼の仕組みについて、観察、実験などを行い、物が燃えたときの空気の変化について、より妥当な考えをつくりだし、表現するなどして問題解決している。	①燃焼の仕組みについての事物・現象に進んで関わり、粘り強く、他者と関わりながら問題解決しようとしている。 ②燃焼の仕組みについて学んだことを学習や生活に生かそうとしている。

単元の概要

第1次では、物が燃える現象を十分に観察し、その仕組みや燃やし続けるための方法について話し合う。その際、空気に着目して、物が燃える現象について疑問をもち、既習の内容や日常生活と関係付けながら、物を燃やし続けるための条件を考えることで、燃焼の仕組みについての自分の考えを深めることができるようにする。また、実験を通して、ろうそくが燃え続けるには、常に空気が入れかわる必要があることを捉えられるようにする。

第2次では、空気を構成している気体に着目し、物を燃やす働きのある気体について実験を通して追究する。その結果を基に、酸素には物を燃やす働きがあることや、窒素や二酸化炭素には物を燃やす働きがないことを捉えられるようにする。なお、空気には、主に、窒素、酸素、二酸化炭素が含まれていることを捉えることができるようにする。

第3次では、空気中の酸素や二酸化炭素の割合に着目して、燃える前と燃えた後の空気の変化について実験を通して追究する。その結果を基に、物が燃えるときには、空気に含まれる酸素の一部が使われて、二酸化炭素ができることを捉えられるようにする。その際、石灰水や測定器具を用いて、「質的・実体的」な見方を働かせて物が燃えたときの空気の変化について捉え、図や絵、文を用いて表現することで、燃焼の仕組みについて自分の考えを深めたり、説明したりできるようにする。

燃焼の仕組み
022

単元の概要

単元において、次ごとにどのような内容をおさえるべきなのか、どのような学習活動を行うのかという概要をまとめています。

指導のポイント

(1) 本単元で働かせる「見方・考え方」

燃焼する仕組みについて、主に「質的・実体的」な見方を働かせ、燃焼の前後における気体の体積の割合を調べる活動を通して、「物が燃えるときには、目には見えないけれど、集気瓶の中には空気がある」、「物が燃えた前後で空気に違いがある」といった視点をもって、「物が燃えると空気中の酸素の一部が使われて二酸化炭素ができる」ことなどを捉えるようにする。また、物が燃える前と後における空気の変化について、物の燃焼と空気の性質や組成の変化と関係付け、第6学年で重視される「多面的に考える」という考え方を用いて、燃焼の仕組みについてまとめるようにする。

(2) 本単元における「主体的・対話的で深い学び」

本単元では、空気の変化に着目して、物の燃え方を多面的に調べる活動を通して、燃焼の仕組みについての理解を図る。そこで、燃焼の仕組みについて、「主体的・対話的で深い学び」を通して、より妥当な考えをつくりだし、問題を解決していく過程を工夫する。例えば、実験の結果から物が燃えると酸素が減って、二酸化炭素が増えることを学習するが、「一度火が消えた集気瓶の中で、もう一度物を燃やすことができるの？」「ろうそくが燃える前と後の集気瓶の中の空気の違いを、図を使って説明するとどうなるの？」「木や紙などが燃えるときにも同じことが言えるの？」などの働きかけにより、多面的に考えるといった考え方を働かせ、他者と関わりながら、問題を科学的に解決しようとする学習活動の充実を図るようにする。

指導計画（全8時間） 詳細の指導計画は ● 01-01参照

次	時	主な学習活動	評価
1	1	○ろうそくを燃やし続けるために必要な条件について話し合う。	(思①)
	2	**実験1** 燃えているろうそくに、底のない集気びんを被せてふたをし、ろうそくの火を観察し、燃焼と空気の関係を調べる。	(思②)
2	3	○空気中に存在する窒素、酸素、二酸化炭素に着目し、ろうそくを燃やす仕組みについて考える。	知②
		実験2 窒素、酸素、二酸化炭素にはろうそくを燃やす働きがあるかを調べる。	
3	4	○ろうそくが燃える前と後とで空気はどのように変わるのか予想する。	思①
	5	**実験3** ろうそくが燃える前と燃えた後とで空気はどう変わるか、石灰水や気体検知管等で調べる。	知②
	6	○実験結果を基に、ろうそくが燃えると空気中の酸素が使われ、二酸化炭素ができることをまとめる。	思①
	7	○実験結果を基に、ろうそくが燃えるのに必要な酸素の割合について考える。	思②
	8	○物が燃えるときの空気の働きについて、学習したことをまとめる。	知①・態②

指導のポイント

ここでは、各単元の指導のポイントを示しています。

(1) 本単元で働かせる「見方・考え方」
では、領域ごとに例示されている「見方」、学年ごとに例示されている「考え方」を踏まえて、本単元では主にどのような見方・考え方を働かせると、資質・能力を育成することができるのかということを解説しています。

(2) 本単元における「主体的・対話的で深い学び」では、本単元の授業において、「主体的な学び」「対話的な学び」「深い学び」を実現するために、授業においておさえるべきポイントを示しています。

指導計画

単元の目標や評価規準、指導のポイントなどを押さえた上で、授業をどのように展開していくのかの大枠をここで押さえます。それぞれの学習活動に対応する評価をその右側の欄に示しています。

ここでは、「評価規準」で挙げた記録に残すための評価に加え、本時案では必ずしも記録には残さないけれど指導に生かすという評価も（　）付きで示しています。本時案での詳細かつ具体的な評価の記述と併せて確認することで、指導と評価の一体化を意識することが大切です。

本書活用のポイント

本書活用のポイント―本時案ページ―

単元の各時間の授業案は、板書のイメージを中心に、目標や評価、授業の流れなどを合わせて見開きで構成しています。各単元の本時案ページの活用のポイントは次のとおりです。

本時のねらい

ここでは、単元構想ページとは異なり、各時間の内容により即したねらいを示しています。

本時の評価

ここでは、各時間における評価について示しています。単元構想ページにある指導計画に示された評価と対応しています。各時間の内容に即した形で示していますので、具体的な評価のポイントを確認することができます。なお、以下の2種類に分類されます。
〇思①などと示された評価
指導要録などの記録に残すための評価を表しています。
〇（思①）などと示された評価
必ずしも記録に残さないけれど、指導に生かす評価を表しています。以降の指導に反映するための教師の見取りとして大切な視点です。

準備するもの

ここでは、観察、実験に必要なもの、板書づくりに必要なものなどを箇条書きで示しています。なお、🖱の付いているワークシートや掲示物は、本書付録のDVDにデータが収録されています。また、板書例に示されているイラストや図もDVDに収録されているので、ワークシートやプリントを作成する際にご活用ください。

第①時
ろうそくを燃やし続けるための条件について、問題を見いだし、予想や仮説をもつ

（本時のねらい）
・燃焼するための条件に目を向け、追究する問題を見いだし、予想や仮説をもつことができる。

（本時の評価）
・燃焼の仕組みについて問題を見いだし、予想や仮説を発想し、表現するなどしている。（思①）

（準備するもの）
・写真資料 ・ろうそく
・集気瓶 ・集気瓶のふた
・燃焼さじ ・マッチ（ライター）
・燃えがら入れ ・濡れ雑巾

1
〈燃え方〉
・ろうそくがなくなるまで燃え続ける。
・ふたをすると、しばらくして消える。
〈条件〉
・集気びんに入っていない。
・集気びんの中にある。
・空気がたくさんある。
・ふたをして閉じこめている。

2
〈調べたいこと〉
・集気びんの中だとどうして消えるのか。
・どうすれば燃やし続けることができるのか。
・燃えるのには何が関係しているのか。

（授業の流れ）▷▷▷

1 集気瓶の中と外でろうそくの燃え方を比較して、気付いたことを交流する 〈7分〉

・提示された集気瓶の中と外にあるろうそくの燃え方を見て、気付いたことを発表する。
・ろうそくが燃える様子を比較して、「燃え方」「条件」などに目を向けて考える。
「（集気瓶の中と外にある）2つのろうそくを比べて、どんなことに気付きますか」

2 調べてみたいことを話し合い、追究する学習問題をつくる 〈8分〉

・2つのろうそくの火の観察から調べたいことを考え、発表する。
・調べたいことを整理し、全体で追究する問題を共有する。
「どのようなことを調べてみたいですか。気付いたことを基に考えてみましょう」

ろうそくを燃やし続けるための条件について、問題を見いだし、予想や仮説をもつ
024

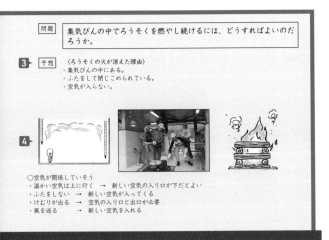

| 問題 | 集気びんの中でろうそくを燃やし続けるには、どうすればよいのだろうか。 |

3 予想 〈ろうそくの火が消えた理由〉
・集気びんの中にある。
・ふたをして閉じこめられている。
・空気が入らない。

4
○空気が関係していそう
・温かい空気は上に行く → 新しい空気の入り口が下だとよい
・ふたをしない → 新しい空気が入ってくる
・けむりが出る → 空気の入り口と出口が必要
・風を送る → 新しい空気を入れる

3 ろうそくの火が消えた理由を話し合い、燃え続けるための条件について予想する 〈15分〉

・既習の内容や生活経験を基に、集気瓶の中に入れたろうそくの火が消えた理由を考え、ノートに書く。
・燃え続けるときと燃え続けないときについて、「比較する」考え方を働かせる。
「集気瓶の中でろうそくの火が消えた理由を考えてみましょう」

4 燃え続けるための条件について交流し、次時の学習の見通しをもつ 〈15分〉

・一人一人が考えた理由を基に、ろうそくを燃やし続けるために必要な条件について話し合う。
・ろうそくを燃やし続けるために関係していることは「空気」であるという予想を共有する。
「ろうそくを燃やし続けるために必要な条件には『空気』が関係していそうですね。『空気』に着目して調べていきましょう」

第1時
025

本時の板書例

　子供たちの学びを活性化させ、授業の成果を視覚的に確認するための板書例を示しています。学習活動に関する項立てだけでなく、子供の発言例なども示すことで、板書全体の構成をつかみやすくなっています。

　板書に示されている **1** **2** などの色付きの数字は、「授業の流れ」の各展開と対応しています。どのタイミングで何を提示していくのかを確認し、板書を効果的に活用することを心掛けましょう。

　色付きの吹き出しは、板書をする際の留意点です。これによって、教師がどのようなねらいをもって、板書をしているかを読み取ることができます。留意点を参考にすることで、ねらいを明確にした板書をつくることができるようになります。

　これらの要素をしっかりと把握することで、授業展開と一体となった板書をつくり上げることができます。

授業の流れ

　1時間の授業をどのように展開していくのかについて示しています。

　各展開例について、主な学習活動とともに目安となる時間を示しています。導入に時間を割きすぎたり、主となる学習活動に時間を取れなかったりすることを避けるために、時間配分もしっかりと確認しておきましょう。

　各展開は、「　」：教師の発問や指示等、・：主な活動、＊：留意点等の3つの内容で構成されています。この展開例を参考に、各学級の実態に合わせてアレンジを加え、より効果的な授業展開を図ることが大切です。

4 電気の利用 A(4) ……………………………… (11時間) 080

5 人の体のつくりと働き B(1) ……………………… (16時間) 100

6 植物の養分と水の通り道 B(2) …………………… (8時間) 126

1

第6学年における
授業づくりのポイント

平成29年告示の小学校学習指導要領は、令和2年度から全面実施されます。この学習指導要領の
ポイントは、これまで育成を目指してきた「生きる力」をより具体化し、各教科等の目標及び内容を
「知識及び技能」、「思考力、判断力、表現力等」、「学びに向かう力、人間性等」の三つの柱で再整理
されたことです。まずは「小学校理科では、どのような資質・能力の育成を目指すの？」ということ
についての理解が重要です。

1 理科の目標

A
　　自然に親しみ、理科の見方・考え方を働かせ、見通しをもって観察、実験を行うことなど
を通して、自然の事物・現象についての問題を科学的に解決するために必要な資質・能力を
次のとおり育成することを目指す。

B
(1) 自然の事物・現象についての理解を図り、観察、実験などに関する基本的な技能を身に
付けるようにする。
(2) 観察、実験などを行い、問題解決の力を養う。
(3) 自然を愛する心情や主体的に問題解決しようとする態度を養う。

2 どのような学習過程を通して資質・能力を育成するの？

　目標のAの部分には、主にどのような学習の過程を通して資質・能力を育成するのかが示されてい
ます。この部分を柱書部分と呼びます。

⑴「自然に親しみ」とは
　単に自然に触れたり、慣れ親しんだりするということだけではありません。子供が関心や意欲を
もって対象と関わることにより、自ら問題を見いだし、それを追究していく活動を行うとともに、見
いだした問題を追究し、解決していく中で、新たな問題を見いだし、繰り返し自然の事物・現象に関
わっていくことも含まれています。

⑵「理科の見方・考え方を働かせ」とは
　理科においては、従来、「科学的な見方や考え方」を育成することを重要な目標として位置付け、
資質・能力を包括するものとして示してきました。しかし、今回の改訂では、資質・能力をより具体
的なものとして示し、「見方・考え方」は資質・能力を育成する過程で子供が働かせる「物事を捉え
る視点や考え方」として全教科等を通して整理されました。
　問題解決の過程において、自然の事物・現象をどのような視点で捉えるかという「見方」について
は、理科を構成する領域ごとの特徴から整理が行われました。自然の事物・現象を、「エネルギー」
を柱とする領域では、主として量的・関係的な視点で捉えることが、「粒子」を柱とする領域では、
主として質的・実体的な視点で捉えることが、「生命」を柱とする領域では、主として共通性・多様
性の視点で捉えることが、「地球」を柱とする領域では、主として時間的・空間的な視点で捉えるこ

とが、それぞれの領域における特徴的な視点として整理することができます。

　ただし、これらの特徴的な視点はそれぞれ領域固有のものではなく、その強弱はあるものの、他の領域においても用いられる視点であることや、これら以外にも、理科だけでなく様々な場面で用いられる原因と結果をはじめとして、部分と全体、定性と定量などといった視点もあることに留意する必要があります。

　また、問題解決の過程において、どのような考え方で思考していくかという「考え方」については、これまで理科で育成を目指してきた問題解決の能力を基に整理が行われました。子供が問題解決の過程の中で用いる、比較、関係付け、条件制御、多面的に考えることなどといった考え方を「考え方」として整理したのです。

　「比較する」とは、複数の自然の事物・現象を対応させ、比べることです。比較には、同時に複数の自然の事物・現象を比べたり、ある自然の事物・現象の変化を時間的な前後の関係で比べたりすることなどがあります。「関係付ける」とは、自然の事物・現象を様々な視点から結び付けることです。「関係付け」には、変化とそれに関わる要因を結び付けたり、既習の内容や生活経験と結び付けたりすることなどがあります。「条件を制御する」とは、自然の事物・現象に影響を与えると考えられる要因について、どの要因が影響を与えるかを調べる際に、変化させる要因と変化させない要因を区別するということです。そして「多面的に考える」とは、自然の事物・現象を複数の側面から考えることです。

　このように、新たに定義された「見方・考え方」への理解が求められます。「見方・考え方」は育成を目指す資質・能力そのものではなく、資質・能力を育成する過程で子供が働かせるものであるという理解がとても大切なのです。

⑶「見通しをもって観察、実験を行うことなどを通して」とは

　「見通しをもつ」とは、子供が自然に親しむことによって見いだした問題に対して、予想や仮説をもち、それらを基にして観察、実験などの解決の方法を発想することです。また、「観察、実験を行うことなど」の「など」には、自然の事物・現象から問題を見いだす活動、観察、実験の結果を基に考察する活動、結論を導きだす活動が含まれます。つまり、子供が自然の事物・現象に親しむ中で、そこから問題を見いだし、予想や仮説を基に観察、実験などを行い、結果を整理し、その結果を基に結論を導きだすといった、一連の問題解決の活動を通して、自然の事物・現象についての問題を科学的に解決するために必要な資質・能力を育成することを目指しているのです。

3 どのような資質・能力を育成するの？

　目標の B の部分には、育成を目指す資質・能力が示されています。⑴には「知識及び技能」が、⑵には「思考力、判断力、表現力等」が、⑶には「学びに向かう力、人間性等」が示されています。

⑴ 知識及び技能

> ⑴ 自然の事物・現象についての理解を図り、観察、実験などに関する基本的な技能を身に付けるようにする。

　子供は、自ら自然の事物・現象に働きかけ、問題を解決していくことにより、自然の事物・現象の性質や規則性などを把握します。このような理解は、その段階での児童の発達や経験に依存したものですが、自然の事物・現象についての科学的な理解の一つと考えることができます。技能については、器具や機器などを目的に応じて工夫して扱うとともに、観察、実験の過程やそこから得られた結

果を適切に記録することが求められます。

(2) 思考力、判断力、表現力等

> (2) 観察、実験などを行い、問題解決の力を養う。

　小学校理科では、学年を通して育成を目指す問題解決の力が示されています。第3学年では、主に差異点や共通点を基に、問題を見いだすといった問題解決の力を、第4学年では、主に既習の内容や生活経験を基に、根拠のある予想や仮説を発想するといった問題解決の力を、第5学年では、主に予想や仮説を基に、解決の方法を発想するといった問題解決の力を、そして、第6学年では、主により妥当な考えをつくりだすといった問題解決の力の育成を目指しています。

　これらの問題解決の力は、その学年で中心的に育成するものですが、実際の指導に当たっては、他の学年で掲げている問題解決の力の育成についても十分に配慮することや、内容区分や単元の特性によって扱い方が異なること、中学校における学習につなげていくことにも留意する必要があります。

(3) 学びに向かう力、人間性等

> (3) 自然を愛する心情や主体的に問題解決しようとする態度を養う。

　植物の栽培や昆虫の飼育という活動や植物の結実の過程や動物の発生や成長について観察したり、調べたりするといった活動など通して、自然を愛する心情を育てることが大切です。さらに、自然環境と人間との共生の手立てを考えながら自然を見直すことや実験などを通して自然の秩序や規則性などに気付くことも、自然を愛する心情を育てることにつながります。

　主体的に問題解決しようとする態度については、意欲的に自然の事物・現象に関わろうとする態度、粘り強く問題解決しようとする態度、他者と関わりながら問題解決しようとする態度、学んだことを自然の事物・現象や日常生活に当てはめてみようとする態度などの育成を目指していくことが大切です。

4　主体的・対話的で深い学びの実現に向けた授業改善

　今回の学習指導要領では、単元など内容や時間のまとまりを見通して、その中で育む資質・能力の育成に向けて、子供の主体的・対話的で深い学びの実現を図るようにすることが求められています。

　「主体的・対話的で深い学び」は、必ずしも1単位時間の授業の中で全てが実現されるものではありません。子供や学校の実態、指導の内容に応じ、単元など内容や時間のまとまりの中で、「主体的な学び」、「対話的な学び」、「深い学び」の視点から授業改善を図ることが重要とされています。

　「主体的な学び」については、例えば、自然の事物・現象から問題を見いだし、見通しをもって観察、実験などを行っているか、観察、実験の結果を基に考察を行い、より妥当な考えをつくりだしているか、自らの学習活動を振り返って意味付けたり、得られた知識や技能を基に、次の問題を発見したり、新たな視点で自然の事物・現象を捉えようとしたりしているかなどの視点から、授業改善を図ることが考えられます。

　「対話的な学び」については、例えば、問題の設定や検証計画の立案、観察、実験の結果の処理、考察の場面などでは、あらかじめ個人で考え、その後、意見交換したり、根拠を基にして議論したりして、自分の考えをより妥当なものにする学習となっているかなどの視点から、授業改善を図ることが考えられます。

　「深い学び」については、例えば、「理科の見方・考え方」を働かせながら問題解決の過程を通して

学ぶことにより、理科で育成を目指す資質・能力を獲得するようになっているか、様々な知識がつながって、より科学的な概念を形成することに向かっているか、さらに、新たに獲得した資質・能力に基づいた「理科の見方・考え方」を、次の学習や日常生活などにおける問題発見・解決の場面で働かせているかなどの視点から、授業改善を図ることが考えられます。

5 学習評価について

(1) 学習評価の基本的な考え方

学習評価は、学校における教育活動に関し、子供の学習状況を評価するものです。「子供にどのような力が身に付いたか」という学習の成果を的確に捉え、教師が指導の改善を図るとともに、子供自身が自らの学習を振り返って次の学習に向かうことができるようにするためにも、学習評価の在り方は重要です。

(2) 学習評価の基本構造

平成29年改訂では、学習指導要領の目標及び内容が資質・能力の三つの柱で再整理されました。これを踏まえ、理科における観点別学習状況の評価の観点についても、「知識・技能」、「思考・判断・表現」、「主体的に学習に取り組む態度」の3観点に整理されました。

育成を目指す資質・能力の一つである、「学びに向かう力、人間性等」については、「主体的に学習に取り組む態度」として観点別評価を通じて見取ることができる部分と、観点別評価や評定にはなじまず、

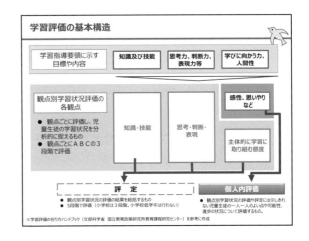

個人内評価を通じて見取る部分があります。理科では、「自然を愛する心情」などが個人内評価となることに留意が必要です。

(3) 観点別評価を行う際の留意点

① 評価の頻度について

学習評価は、日々の授業の中で子供の学習状況を適宜把握して、教師の指導の改善や子供の学習改善に生かすことが重要です。授業を行う際に、重点的に子供の学習状況を見取る観点を明確にし、指導と評価の計画に示すことが大切です。しかし、毎回の授業で、子供全員の観点別学習状況の評価の記録をとり、総括の資料とするために蓄積していくことは現実的ではありません。単元などの内容や時間のまとまりごとに、それぞれの学習状況を把握できる段階で行うなど、その場面を精選しましょう。そのためには、評価の計画が大切になります。評価のための評価ではなく、子供たちの資質・能力を育成するための評価にすることが大切です。

② 「知識・技能」の評価について

「知識」については、自然の事物・現象についての知識を理解しているかどうかを評価しましょう。その際、学習したことを既習の内容や生活経験と結び付けて理解することで、他の学習や生活の場面でも活用できる概念的な理解につながります。

「技能」については、器具や機器などを目的に応じて工夫して扱うとともに、観察、実験の過程や

そこから得られた結果を適切に記録しているかどうかを評価しましょう。

③ 「思考・判断・表現」の評価について

「思考・判断・表現」については、各学年で主に育成を目指す問題解決の力が身に付いているかどうかを評価しましょう。その際、留意しなければならないのは、各学年で主に育成を目指す問題解決の力は、その学年で中心的に育成するものとして示してありますが、実際の指導に当たっては、他の学年で掲げている問題解決の力の育成についても十分に配慮する必要があるということです。

長期的な視野をもち、子供一人一人に、問題解決の力が育成されるよう指導と評価の一体を充実させましょう。

④ 「主体的に学習に取り組む態度」の評価について

これまでは「関心・意欲・態度」という観点だったのですが、新学習指導要領では「主体的に学習に取り組む態度」に変わりました。この観点では、「粘り強い取組を行おうとする側面」と「自らの学習を調整しようとする側面」という二つの側面を評価することが求められています。学習内容に関心をもつことのみならず、解決したい問題に対して、自分なりの考えをもち、粘り強く問題解決しようとすること、他者と関わり、自分の考えを振り返り、自分の考えを見直しながら問題解決しようとするなどといった態度を評価しましょう。

また、「理科を学ぶことの意義や有用性を認識しようとする側面」から、学んだことを学習や生活に生かそうとする態度を評価しましょう。

6 各学年における観点の趣旨

平成31年3月29日に、文部科学省初等中等教育局長より「小学校、中学校、高等学校及び特別支援学校等における児童生徒の学習評価及び指導要録の改善等について（通知）」が出されています。そこには、別紙4として、「各教科等・各学年等の評価の観点等及びその趣旨」が掲載されています。
http://www.mext.go.jp/component/b_menu/nc/__icsFiles/afieldfile/2019/04/09/1415196_4_1_2.pdf

評価規準を作成する場合、ここに示された観点の趣旨が大変重要になります。小学校理科は、学年ごとに示されていますが、要素だけを切り取ったものを以下に示しますので、参考にしてください。

【知識・技能】

第3学年	●●について理解しているとともに、器具や機器などを正しく扱いながら調べ、それらの過程や得られた結果を分かりやすく記録している。
第4学年	●●について理解しているとともに、器具や機器などを正しく扱いながら調べ、それらの過程や得られた結果を分かりやすく記録している。
第5学年	●●について理解しているとともに、観察、実験などの目的に応じて、器具や機器などを選択して、正しく扱いながら調べ、それらの過程や得られた結果を適切に記録している。
第6学年	●●について理解しているとともに、観察、実験などの目的に応じて、器具や機器などを選択して、正しく扱いながら調べ、それらの過程や得られた結果を適切に記録している。

【思考・判断・表現】

第3学年	●●について、観察、実験などを行い、主に差異点や共通点を基に、問題を見いだし、表現するなどして問題解決している。
第4学年	●●について、観察、実験などを行い、主に既習の内容や生活経験を基に、根拠のある予想や仮説を発想し、表現するなどして問題解決している。
第5学年	●●について、観察、実験などを行い、主に予想や仮説を基に、解決の方法を発想し、表現するなどして問題解決している。
第6学年	●●について、観察、実験などを行い、主にそれらの●●について、より妥当な考えをつくりだし、表現するなどして問題解決している。

【主体的に学習に取り組む態度】

第3学年	●●についての事物・現象に進んで関わり、他者と関わりながら問題解決しようとしているとともに、学んだことを学習や生活に生かそうとしている。
第4学年	●●についての事物・現象に進んで関わり、他者と関わりながら問題解決しようとしているとともに、学んだことを学習や生活に生かそうとしている。
第5学年	●●についての事物・現象に進んで関わり、粘り強く、他者と関わりながら問題解決しようとしているとともに、学んだことを学習や生活に生かそうとしている。
第6学年	●●についての事物・現象に進んで関わり、粘り強く、他者と関わりながら問題解決しようとしているとともに、学んだことを学習や生活に生かそうとしている。

7 各学年における授業づくりのポイントについて

　次頁からは、各学年の発達の段階や育成を目指す資質・能力などを踏まえ、授業づくりのポイントや板書のポイントを示します。

　また、新学習指導要領のキーワードの1つである「見方・考え方」についても具体的に示していますので、参考にしてください。

　なお、先生方が本書を柔軟に活用できるよう、各単元の総時数については、あえて標準時数よりも少なめに設定し、その中の全授業を板書で示しています。また、単元の並び方は、平成29年告示の学習指導要領に記載されている順番で示しています。実際に授業を行う順番は、各学校のカリキュラム・マネジメントに基づき、工夫しながら組み立てていくことを想定しています。

1 第6学年の理科の特徴

第6学年の理科では、子供が観察や実験の結果を基に考察し、より妥当な考えをつくりだす過程が重視されます。考えは子供によって異なります。対話することで考えの違いに気付き、考えを深めるきっかけとなることを理科での学びを通じて捉えられるようにすることが大切です。そのためには、教師が日々の授業で、子供の多様な考えを引き出したり、子供にとって、「考えを聞いてほしい」、「意見があるから言わないと」とその考えが出しやすいと思える状況をつくりだしたりすることを心掛けていくようにしましょう。

また、小学校で理科を学ぶ最後の学年である第6学年では、理科を学ぶ意義や有用性を感じられるようにすることがより求められます。「土地のつくりと変化」の学習では、火山の噴火や地震がもたらす自然災害に触れるようにし、過去に起こった火山の活動や大きな地震によって土地が変化したことや将来にも起こる可能性があることを捉えるようにしたり、「電気の利用」の学習で、エネルギー資源の有効利用という観点から、電気の効率的な利用について捉えるようにしたりして、理科で学習したことを日常生活に当てはめて考える場面を意図的に設定することが大切です。

さらに、「水溶液の性質」では、塩酸やアンモニア水、石灰水などの薬品を扱う場面があります。使用する際には、必ず保護眼鏡を着用して事故防止に配慮するようにします。誤って皮膚に付いたり目や口に入ったりしないように注意させるとともに、皮膚に付いたときにはすぐに水道水でしばらくの間洗い流すことなどを事前に指導しておくことが大切です。

2 第6学年で育成を目指す資質・能力

(1) 知識及び技能

第6学年では、燃焼の仕組み、水溶液の性質、てこの規則性、電気の性質や働き、生物の体のつくりと働き、生物と環境との関わり、土地のつくりと変化、月の形の見え方と太陽との位置関係について理解するとともに、観察、実験などの目的に応じて、器具や機器などを選択して、正しく扱いながら調べ、それらの過程や得られた結果を適切に記録することが求められます。

例えば、生物と環境との関わりの学習において、水中の小さな生物を観察する際には、これまでに使ってきた虫眼鏡や解剖顕微鏡では、生物の様子を観察することができないことから、必要感をもって顕微鏡を選択したり、対物レンズからプレパラートを遠ざけながらピントを合わせるなどの操作の意味を理解したりしながら、適切に操作できるようにすることが求められます。

(2) 思考力、判断力、表現力等

第6学年では、問題解決の力として、主に、より妥当な考えをつくりだす力の育成を目指します。より妥当な考えをつくりだすとは、自分が既にもっている考えを検討し、より科学的なものに変容させることです。特に、考察場面では、観察や実験などで得られた結果を基に、予想や仮説の内容の妥当性を検討し、必要に応じて自分の考えを改善することが求められます。また、考察場面以外にも、問題に対する予想や仮説が生活経験や既習内容などの根拠があるものか、発想した解決の方法が予想や仮説を確かめるものになっているか、観察や実験は正しく行われていたかなど、問題解決のそれぞれの段階で常に妥当性を検討する力も求められています。

この力は、第6学年で中心的に育成するものですが、実際の指導では、他の学年で掲げている問

題解決の力の育成についても十分に配慮することや、内容区分や単元の特性によって扱い方が異なること、中学校における学習につなげていくことにも留意が必要です。

⑶ 学びに向かう力、人間性等

　第6学年では、学びに向かう力として、学習の対象となる自然の事物・現象に進んで関わり、粘り強く、他者と関わりながら問題解決しようとするとともに、学んだことを学習や生活に生かそうとする態度を育成することになります。同時に、人間性として、生命を尊重する態度も大切です。第6学年では、「人の体のつくりと働き」や「生物と環境」など生命を柱とする内容の学習があります。そこでは、それぞれの単元で獲得した個別の知識だけにとどまらず、それらをつなぎ合わせて概念化できるような学習を展開することで、生物の体のつくりと働きの精妙さを認識したり、自然環境と人間との共生の手立てを考えたりしながら、自然を愛する心情や生命を尊重する態度の育成に向かうことができます。

3 問題解決の活動において、主に働かせたい「見方・考え方」

　「見方」については、領域ごとに主に働かせる見方が決まってくることも多いですが、「考え方」は、その学年で育成を目指す「問題解決の力」に連動してくることが多くあります。

　第6学年では、主に育成を目指す問題解決の力を「より妥当な考えをつくりだす力」としています。妥当な考えをつくりだすためには、自然の事物・現象を複数の側面から捉え、「多面的に考える」ことが必要です。「多面的に考える」ためには、問題解決を行う際に、解決したい問題について1つのアプローチだけではなく、いろいろな可能性を探りながら解決しようとすることが大切です。問題について互いの予想や仮説を尊重しながら追究したり、観察や実験などの結果を基に、予想や仮説、観察や実験などの方法を振り返り、再検討したり、複数の観察や実験などから得た結果を基に考察をしたりすることなどが考えられます。

　このような考え方を子供が学習活動で働かせるためには、教師が学習展開を工夫し、子供が「多面的に考える」といった考え方を働かせざるを得ない状況をつくることが大切です。「多面的に考える」といった考え方は、教師が指導内容として直接教えるものではありません。例えば、「水溶液の性質」で、アルミニウムを溶かした塩酸を蒸発させて残った白い粉は、元のアルミニウムと言えるのかを追究する際には、見た目ではアルミニウムとは言えないが、もしかしたらアルミニウムかもしれないという可能性を考え、水に溶かしたときの様子や電気に通すかどうかを調べるなど、他にもアルミニウムとは異なる性質を確かめるといった手続きをとらないと、はっきりと「アルミニウムではない」と言い切ることができないといった状況をつくることが大切です。

白いものが残ったからアルミニウムとは言えないのでは？

見た目だけでなく、水に溶かしてみて溶け方も調べてみないと…

ここでは、第6学年における板書のポイントを示します。第6学年では、問題解決の力として、主に「より妥当な考えをつくりだす力」の育成を目指しています。毎時間、その力を育成するわけではありませんが、その力の育成を強調した板書が多くなるはずです。

一人一人の予想や結果の見通し、得られた実験結果、考察した内容などが表出されたものを全員で共有しながら、その妥当性を検討することができるような板書にしましょう。

予想を確かめるための複数の実験の方法を整理する

より妥当な考えをつくりだすためには、1つの実験の方法だけではなく、複数の方法による実験を計画することが有効です。

どの実験から得られた結果でも同じことが言えるというように考察することが、科学的に妥当性を検討することにつながり、客観性をもたせることになります。

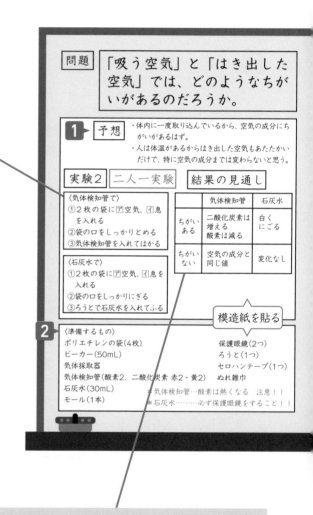

予想を確かめられた場合に得られる実験結果の見通しを整理する

実験後、見通しと異なる結果が得られた場合に、予想が確かめられなかった、あるいは、実験が適切に行われなかったという判断が容易になります。

複数の結果を表などで示し、概観できるようにする

　実験で得られた結果を検討する際には、１つの結果だけではなく、複数の結果を扱うことで、再現性や客観性の観点で吟味することができます。その際、表やグラフを使用して整理することで差異点や共通点、傾向を捉えやすくすることができます。

　また、一人一人、あるいはグループで得られた結果を板書で明示することで、実験結果に責任をもつことにつなげることができます。同じ方法にもかかわらず、他の結果と異なる場合には、正しく実験が行われたか振り返り、必要に応じて再実験することにもつながります。

3 実験結果　【実験ペア】1 ○○・○○　2 ○○・○○　3 ○○・○○　4 ○○・○○
　　　　　　　　　　　5 ○○・○○　6 ○○・○○　7 ○○・○○

	ア 吸う空気							イ はき出した空気						
	1	2	3	4	5	6	7	1	2	3	4	5	6	7
石灰水	透明	透明	透明	透明	透明	透明	透明	白くにごった	白くにごった	白くにごった	白くにごった	白くにごった	白くにごった	白くにごった
酸素(%)	20.8	21.0	20.5	21.0	20.7	21.0	20.8	16.5	17.0	17.0	16.5	16.5	17.0	17.0
二酸化炭素(%)	0.04	0.04	0.04	0.04	0.04	0.04	0.04	4.0	3.5	3.5	4.0	4.0	3.5	4.0
袋の中の様子	変化なし	変化なし	変化なし	変化なし	変化なし	変化なし	変化なし	白くくもった	白くくもった	白くなって水てきが付いた	白くくもった	白くくもった	白くくもった	白くくもった

考察
・はき出した空気は吸う空気より酸素が少なく
　二酸化炭素が多いことが分かる。
・酸素の一部が使われていることが分かる。
・体内に酸素が取り込まれ、二酸化炭素がはき出され
　ていることになる。

吸う空気　　　　　　　　　　　　　二酸化炭素など →
| ちっ素 | 酸素 |

はき出した空気

4

結論
「吸う空気」と「はき出した空気」では、空気の成分にちがいがある。はきだした空気は、吸う空気と比べて酸素が減り、二酸化炭素が増えている。

体内では、どのようになっ
ているのだろう？

実験などの結果と考察を分けて整理する

　観察や実験で得られた結果（データ）と、その結果から考えられることを区別して板書するようにします。そうすることで、考察の根拠が明確になります。

問題に対してより妥当な考えを結論としてまとめる

　実験結果を基に、問題に対する考えについて話し合い、合意形成された考えについて、結論として整理します。

2

第 6 学年の授業展開

1 燃焼の仕組み A (1) （8時間扱い）

単元の目標

　空気の変化に着目して、物の燃え方を多面的に調べる活動を通して、燃焼の仕組みについての理解を図り、観察、実験などに関する技能を身に付けるとともに、主により妥当な考えをつくりだす力や主体的に問題解決しようとする態度を育成する。

評価規準

知識・技能	思考・判断・表現	主体的に学習に取り組む態度
①植物体が燃えるときには、空気中の酸素が使われて二酸化炭素ができることを理解している。 ②燃焼の仕組みについて、観察、実験などの目的に応じて、器具や機器などを選択し、正しく扱いながら調べ、それらの過程や得られた結果を適切に記録している。	①燃焼の仕組みについて、問題を見いだし、予想や仮説を基に、解決の方法を発想し、表現するなどして問題解決している。 ②燃焼の仕組みについて、観察、実験などを行い、物が燃えたときの空気の変化について、より妥当な考えをつくりだし、表現するなどして問題解決している。	①燃焼の仕組みについての事物・現象に進んで関わり、粘り強く、他者と関わりながら問題解決しようとしている。 ②燃焼の仕組みについて学んだことを学習や生活に生かそうとしている。

単元の概要

　第1次では、物が燃える現象を十分に観察し、その仕組みや燃やし続けるための方法について話し合う。その際、空気に着目して、物が燃える現象について疑問をもち、既習の内容や日常生活と関係付けながら、物を燃やし続けるための条件を考えることで、燃焼の仕組みについての自分の考えを深めることができるようにする。また、実験を通して、ろうそくが燃え続けるには、常に空気が入れかわる必要があることを捉えられるようにする。

　第2次では、空気を構成している気体に着目し、物を燃やす働きのある気体について実験を通して追究する。その結果を基に、酸素には物を燃やす働きがあることや、窒素や二酸化炭素には物を燃やす働きがないことを捉えられるようにする。なお、空気には、主に、窒素、酸素、二酸化炭素が含まれていることを捉えることができるようにする。

　第3次では、空気中の酸素や二酸化炭素の割合に着目して、燃える前と燃えた後の空気の変化について実験を通して追究する。その結果を基に、物が燃えるときには、空気中に含まれる酸素の一部が使われて、二酸化炭素ができることを捉えられるようにする。その際、石灰水や測定器具を用いて、「質的・実体的」な見方を働かせて物が燃えたときの空気の変化について捉え、図や絵、文を用いて表現することで、燃焼の仕組みについて自分の考えを深めたり、説明したりできるようにする。

⑴本単元で働かせる「見方・考え方」

　燃焼する仕組みについて、主に「質的・実体的」な見方を働かせ、燃焼の前後における気体の体積の割合を調べる活動を通して、「物が燃えるときには、目には見えないけれど、集気瓶の中には空気がある」、「物が燃えた前後で空気に違いがある」といった視点をもって、「物が燃えると空気中の酸素の一部が使われて二酸化炭素ができる」ことなどを捉えるようにする。また、物が燃える前と後における空気の変化について、物の燃焼と空気の性質や組成の変化と関係付け、第6学年で重視される「多面的に考える」という考え方を用いて、燃焼の仕組みについてまとめるようにする。

⑵本単元における「主体的・対話的で深い学び」

　本単元では、空気の変化に着目して、物の燃え方を多面的に調べる活動を通して、燃焼の仕組みについての理解を図る。そこで、燃焼の仕組みについて、「主体的・対話的で深い学び」を通して、より妥当な考えをつくりだし、問題を解決していく過程を工夫する。例えば、実験の結果から物が燃えると酸素が減って、二酸化炭素が増えることを学習するが、「一度火が消えた集気瓶の中で、もう一度物を燃やすことができるの？」「ろうそくが燃える前と後の集気瓶の中の空気の違いを、図を使って説明するとどうなるの？」「木や紙などが燃えるときにも同じことが言えるの？」などの働きかけにより、多面的に考えるといった考え方を働かせ、他者と関わりながら、問題を科学的に解決しようとする学習活動の充実を図るようにする。

指導計画（全8時間）　詳細の指導計画は 🔘 01–01参照

次	時	主な学習活動	評価
1	1	○ろうそくを燃やし続けるために必要な条件について話し合う。	（思①）
	2	**実験1** 燃えているろうそくに、底のない集気びんを被せてふたをし、ろうそくの火を観察し、燃焼と空気の関係を調べる。	（思②）
2	3	○空気中に存在する窒素、酸素、二酸化炭素に着目し、ろうそくを燃やす仕組みについて考える。 **実験2** 窒素、酸素、二酸化炭素にはろうそくを燃やす働きがあるかを調べる。	（知②）
3	4	○ろうそくが燃える前と後とで空気はどのように変わるのか予想する。	思①
	5	**実験3** ろうそくが燃える前と燃えた後とで空気はどう変わるか、石灰水や気体検知管等で調べる。	知②
	6	○実験結果を基に、ろうそくが燃えると空気中の酸素が使われ、二酸化炭素ができることをまとめる。	態①
	7	○実験結果を基に、ろうそくが燃えるのに必要な酸素の割合について考える。	思②
	8	○物が燃えるときの空気の働きについて、学習したことをまとめる。	知①・態②

第①時

ろうそくを燃やし続けるための条件について、問題を見いだし、予想や仮説をもつ

本時のねらい
・燃焼するための条件に目を向け、追究する問題を見いだし、予想や仮説をもつことができる。

本時の評価
・燃焼の仕組みについて問題を見いだし、予想や仮説を発想し、表現するなどしている。
（思①）

準備するもの
・写真資料　　　・ろうそく
・集気瓶　　　　・集気瓶のふた
・燃焼さじ　　　・マッチ（ライター）
・燃えがら入れ　・濡れ雑巾

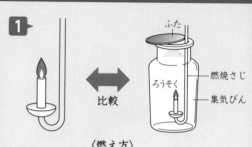

1

〈燃え方〉
・ろうそくがなくなるまで燃え続ける。
・ふたをすると、しばらくして消える。

〈条件〉
・集気びんに入っていない。
・空気がたくさんある。
・集気びんの中にある。
・ふたをして閉じこめている。

2

〈調べたいこと〉
・集気びんの中だとどうして消えるのか。
・どうすれば燃やし続けることができるのか。
・燃えるのには何が関係しているのか。

授業の流れ ▷▷▷

1 集気瓶の中と外でろうそくの燃え方を比較して、気付いたことを交流する 〈7分〉

・提示された集気瓶の中と外にあるろうそくの燃え方を見て、気付いたことを発表する。
・ろうそくが燃える様子を比較して、「燃え方」「条件」などに目を向けて考える。

「（集気瓶の中と外にある）2つのろうそくを比べて、どんなことに気付きますか」

2 調べてみたいことを話し合い、追究する学習問題をつくる 〈8分〉

・2つのろうそくの火の観察から調べたいことを考え、発表する。
・調べたいことを整理し、全体で追究する問題を共有する。

「どのようなことを調べてみたいですか。気付いたことを基に考えてみましょう」

問題	集気びんの中でろうそくを燃やし続けるには、どうすればよいのだろうか。

3 予想

〈ろうそくの火が消えた理由〉
・集気びんの中にある。
・ふたをして閉じこめられている。
・空気が入らない。

4

○空気が関係していそう
・温かい空気は上に行く　→　新しい空気の入り口が下だとよい
・ふたをしない　→　新しい空気が入ってくる
・けむりが出る　→　空気の入り口と出口が必要
・風を送る　→　新しい空気を入れる

---

3 ろうそくの火が消えた理由を話し合い、燃え続けるための条件について予想する〈15分〉

・既習の内容や生活経験を基に、集気瓶の中に入れたろうそくの火が消えた理由を考え、ノートに書く。
・燃え続けるときと燃え続けないときについて、「比較する」考え方を働かせる。
「集気瓶の中でろうそくの火が消えた理由を考えてみましょう」

4 燃え続けるための条件について交流し、次時の学習の見通しをもつ　〈15分〉

・一人一人が考えた理由を基に、ろうそくを燃やし続けるために必要な条件について話し合う。
・ろうそくを燃やし続けるために関係していることは「空気」であるという予想を共有する。
「ろうそくを燃やし続けるために必要な条件には『空気』が関係していそうですね。『空気』に着目して調べていきましょう」

第②時

集気瓶の中でろうそくを燃やし続ける方法を調べる

本時のねらい
・実験結果を基に、燃える前と燃えた後の空気では質的に違いがあることについて考察し、説明することができる。

（本時の評価）
・集気瓶の中でろうそくを燃やし続ける方法を調べる実験を行い、集気瓶の中での空気の入れ替わりについて、より妥当な考えをつくりだし、表現している。(思②)

（準備するもの）
・底のない集気瓶　　・集気瓶のふた
・ろうそく　　　　　・マッチ（ライター）
・線香　　　　　　　・燃えがら入れ
・粘土など　　　　　・木の板（粘土板など）
・濡れ雑巾

| 問題 | 集気びんの中でろうそくを燃やし続けるには、どうすればよいのだろうか。 |

1 実験

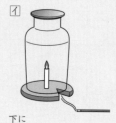

ア　上にすき間をつくる

イ　下にすき間をつくる

2 結果の見通し

・すき間があれば、ろうそくは燃え続けると思う。
・すき間の位置によって燃え方が違うと思う。
・線香のけむりの様子を見れば、空気の動きがわかると思う。

（授業の流れ）▷▷▷

1 前時に共有した問題や予想を基に、実験方法の立案をする　〈10分〉

・燃えているろうそくに、底のない集気瓶をかぶせてふたをし、ろうそくの火を観察して、前時に共有した問題や予想を確認する。
「前時ではろうそくが燃え続けるためには、空気が関係していそうという考えでしたね。燃やし続けるにはどうすればよいと考えますか」
「自分の予想を確かめるためには、どのように調べればよいか考えましょう」

2 結果の見通しを話し合い、問題を解決するために実験を行う　〈15分〉

・集気瓶の上、下、上と下にすき間があるときについて考え、結果の見通しを交流する。
「問題を追究するため、自分が考えた実験方法と、予想が確かめられたときの結果の見通しについて説明しましょう」
・目に見えない空気に着目して追究できるように、線香のけむりを使うことを確認する。

3	実験結果		ろうそくの火	線香のけむり
		ア	燃え続けた	けむりは上昇する
		イ	消えた	吸い込まれることはない
		ウ	燃え続けた	下に近づけると吸い込まれ、上に近づけると上昇する

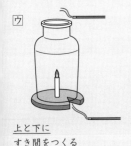

ウ

上と下に
すき間をつくる

4 考察

・下にすき間があってもろうそくは消えてしまう。
・すき間の開け方によってろうそくは消えてしまう。
・線香のけむりの動きから、新しい空気が集気びんの中の空気と入れ替わっているとき、ろうそくは燃え続ける。

結論

集気びんの中でろうそくを燃やし続けるには、絶えず空気が入れ替わる必要がある。

---

3 空気の動きに着目しながら、実験結果を基に考察する〈10分〉

・自分の考えた実験方法で、集気瓶の中でろうそくを燃やし続けるにはどうすればよいかを追究する。
・ろうそくの実験結果を線香のけむりの結果と関係付けて考察する。
「実験結果からどのようなことが言えますか」
「実験結果は線香のけむりの動きと関係付けるとどのようなことが言えそうですか」

4 考察したことを交流し、結論付ける 〈10分〉

・考察したことを全体の場で出し合い、結論を導きだす。
・集気瓶の中でろうそくを燃やし続けるには、「絶えず空気が入れ替わる必要がある」ことを引きだす。
「空気が入れ替わるとどうして燃え続けるのかな。空気に秘密がありそうですね。次の学習で調べてみましょう」

第 ③ 時

物を燃やす働きがある気体を調べる

本時のねらい
- 窒素、酸素、二酸化炭素の中に燃えたろうそくを入れたときの様子を問題とつなげて記録することができる。

本時の評価
- 物を燃やす働きがある気体について、実験の目的に応じて、器具を正しく扱いながら調べ、それらの過程や得られた結果を適切に記録している。（知②）

準備するもの
- 集気瓶
- 集気瓶のふた
- 酸素ボンベ
- 二酸化炭素ボンベ
- 窒素ボンベ
- ろうそく
- 水槽
- マッチ（ライター）
- 燃焼さじ
- 燃えがら入れ
- 濡れ雑巾

1 ◇空気が入れかわらないと火が消えるのはなぜ？
- 古い空気になるから。
- 空気の中にある燃える物がなくなってしまう。
- 空気がなくなる。

問題
> ちっ素、酸素、二酸化炭素には物を燃やすはたらきがあるのだろうか。

2 予想 — 燃やすはたらきがある

ちっ素
- 空気に多く含まれているから。

酸素
- 空気の中で多すぎず、少なすぎない割合の気体だから。

二酸化炭素
- ちょうどいいバランスで空気ができているから。

授業の流れ ▷▷▷

1 空気の組成図に着目して、問題を見いだす 〈5分〉

- 集気瓶の中の空気が絶えず入れ替わるとろうそくが燃え続ける理由を考え、発表する。

「前の時間では絶えず空気が入れ替わるとき、ろうそくが燃え続けたが、その理由をどう考えますか」

- 燃える前と燃えた後の空気では、質的に違いがあるのかといった見方を働かせる。
- 空気の組成図を見て本時の問題を見いだす。

2 予想したことを交流し、結果の見通しをもつ 〈7分〉

- 窒素、酸素、二酸化炭素に燃える働きがあるかを予想し、全体で交流する。

「窒素、酸素、二酸化炭素、それぞれの気体に物を燃やす働きはあるでしょうか」

- 目には見えないが、空気は窒素、酸素、二酸化炭素など複数の気体で組成されているという「実体的」な見方を働かせる。

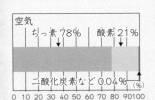

空気
| ちっ素78% | 酸素21% |

二酸化炭素など 0.04%（%）

0 10 20 30 40 50 60 70 80 90 100

3 実験

調べる気体

ちっ素　酸素　二酸化炭素

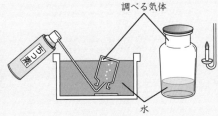

水

ボンベの気体を
吸い込まない！

実験結果

ちっ素	すぐに消えた
酸素	激しく燃えた
二酸化炭素	すぐに消えた

燃やすはたらきが
ない

・空気中に多くあり
はたらきがあると
危険なはずだから。

・空気の中にあまり
ないから燃やせな
いと思う。

・空気の中に少しし
かないから。

4 考察

・空気の中の酸素だけが物を燃やすはたらきがある。
・空気の中にある酸素以外のちっ素や二酸化炭素には物を
燃やすはたらきはない。
・集気びんの中の酸素が使えなくなると火が消えるのかな。

結論

酸素には物を燃やすはたらきがある。
ちっ素や二酸化炭素には、物を燃やす
はたらきはない。

---

3 実験を行い、結果を記録する　〈23分〉

・実験方法や気を付けることを確認し、実験を
　行うために必要な物を準備する。

「窒素、酸素、二酸化炭素、それぞれの気体に
ついて安全に気を付けて実験しましょう」

・水で満たした集気瓶を水槽に入れ、各気体を
　集気瓶の7～8分目くらいまで入れ、水を
　残したままふたをして取り出し、実験を行う。

・実験の結果をノートに記録する。

4 考察したことを交流し、
結論付ける　〈10分〉

・考察したことを全体の場で出し合い、結論を
　導きだす。

・燃やす働きがある気体は「酸素」であり、
　「ちっ素」や「二酸化炭素」には燃やす働き
　がないことを引きだす。

「酸素には物を燃やす働きがありましたね。物
が燃える前と燃えた後で空気の質は変わるので
しょうか。次の学習で調べてみましょう」

第④時

ろうそくの燃焼前後で空気は どのように変わるのか予想する

本時のねらい
・ろうそくが燃えたときの集気瓶の中の空気に着目し、燃える前と燃えた後の空気の違いについて予想や仮説を立てることができる。

本時の評価
・ろうそくが燃える前後の空気の変化について、問題を見いだし、予想や仮説を発想し、表現するなどしている。思①

準備するもの
・石灰水　　　　　・二酸化炭素ボンベ
・集気瓶　　　　　・集気瓶のふた
・気体採取器　　　・気体検知管
※気体センサー　　・ろうそく
・燃焼さじ　　　　・燃えがら入れ
・マッチ（ライター）
・濡れ雑巾　　　　・保護眼鏡

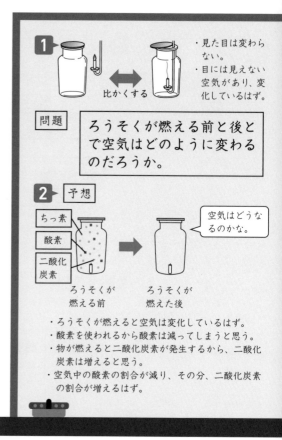

授業の流れ ▷▷▷

1 ろうそくの燃焼前後を比較し、目に見えない空気に着目して、問題を見いだす 〈10分〉

・ろうそくを燃やす前と、燃やした後の集気瓶の中の様子を見て、目に見えない空気に着目して問題を見いだす。

「ろうそくを燃やす前と燃やした後の集気瓶の中は違うと思いますか。そう考えたのはどうしてですか」

「ろうそくが燃える前と後の何を調べればよいですか」

2 ろうそくの燃焼前後で空気が変わるかどうか予想したことを全体で話し合う 〈15分〉

・燃える前と燃えた後の空気では、質的に違いがあるかという見方を働かせて、予想する。

「ろうそくが燃える前と燃えた後では、空気はどのように変わっているかを予想しましょう」

・燃焼前後の空気の質の違いについて話し合い、空気中の気体の割合に着目する。

・気体をモデル図などで表し、実体的な見方を働かせて空気の変化を予想する。

3 実験方法

石灰水は二酸化炭素
に反応して白くにごる

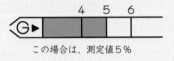

気体検知管　　　気体採取器

酸素気体検知管　　　　　（6〜24%）
二酸化炭素気体検知管　　（0.03〜1%）
　　　　　　　　　　　　（0.5〜8%）

酸素、二酸化炭素のそれぞれの割合

※必要に応じて気体センサーについても確認する。

4 器具の扱い方　〈気体検知管の目盛りの読み方〉

この場合は、測定値5%

4と6の中間で測定値5%

4と6の中間で測定値5%

---

3 酸素と二酸化炭素に着目して、実験に使う薬品や道具を確認する　〈10分〉

・空気と二酸化炭素が入った2つの集気瓶に石灰水を入れて振ったとき、石灰水の様子の違いから石灰水の働きを理解する。
・気体採取器を使って気体検知管で酸素や二酸化炭素の割合を調べる方法を理解する。
・気体センサー※も使う場合は、その使用方法を確認しておく。

「空気の質を調べる方法を確認しましょう」

4 気体検知管の目盛りの読み方や使い方を練習する　〈10分〉

・気体検知管の目盛りの読み方を確認し、「酸素」や「二酸化炭素」の割合を調べる方法を理解する。

「気体検知管の使い方を確認しましょう」
「空気がどのように変化したかについて、石灰水や気体検知管（気体センサー）を使って、次の学習で調べてみましょう」

第⑤時

ろうそくの燃焼前後で空気は
どう変わるかを調べる

本時のねらい
・ろうそくを燃やす前と後の空気中の酸素や二酸化炭素の変化について、自分の予想と比べながら調べ、記録することができる。

本時の評価
・ろうそくが燃える前後の空気の変化について、実験の目的に応じて、器具を正しく扱いながら調べ、それらの過程や得られた結果を適切に記録している。知②

準備するもの
・気体採取器　・気体検知管　※気体センサー
・石灰水
・前時に予想した内容の掲示物
・集気瓶　　　　・集気瓶のふた
・ろうそく　　　・マッチ（ライター）
・燃焼さじ　　　・燃えがら入れ
・濡れ雑巾　　　・保護眼鏡

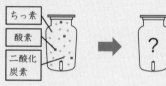

問題　ろうそくが燃える前と後とで空気はどのように変わるのだろうか。

1　予想

ちっ素
酸素
二酸化炭素

ろうそくが燃える前　　　ろうそくが燃えた後

・ろうそくが燃えると空気は変化しているはず。
・酸素を使われるから酸素は減ってしまうと思う。
・物が燃えると二酸化炭素が発生するから、二酸化炭素は増えると思う。
・空気中の酸素の割合が減り、その分、二酸化炭素の割合が増えるはず。

授業の流れ ▷▷▷

1 前時に共有した問題を基に、予想したことを確認する 〈5分〉

・前時に燃える前と燃えた後の集気瓶の中の空気について予想したことを交流する。
「燃える前と後の空気についてどのように予想しましたか」
・前時にモデル図などを使って考えた空気の変化について交流する。
「空気の変化について、どのように考えたか説明してみましょう」

2 石灰水を使った方法を確認し、実験を行う 〈15分〉

・石灰水を使って実験を行い、実験の結果をノートに記録する。
「燃える前と燃えた後の空気はどのように変化しているでしょうか。石灰水を使って調べてみましょう」
・燃える前の集気瓶の中の空気は石灰水が反応せず、透明のままであることと比べて変化を捉えることができるようにする。

実験 **2**

Ⓐ 石灰水で調べる

石灰水

3

Ⓑ 気体検知管等で調べる

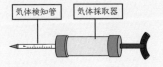

気体検知管　気体採取器

※必要に応じて気体センサーについても確認する。

4 結果

1班

		燃やす前	燃やした後
Ⓐ	石灰水	変化なし	白くにごった
Ⓑ	酸素の体積の割合	21%	17%
	二酸化炭素の体積の割合	0.03%	3%

2班

		燃やす前	燃やした後
Ⓐ	石灰水	変化なし	白くにごった
Ⓑ	酸素の体積の割合	21%	17%
	二酸化炭素の体積の割合	0.04%	3%

3班

		燃やす前	燃やした後
Ⓐ	石灰水	変化なし	白くにごった
Ⓑ	酸素の体積の割合	21%	17%
	二酸化炭素の体積の割合	0.03%	3%

4班

		燃やす前	燃やした後
Ⓐ	石灰水	変化なし	白くにごった
Ⓑ	酸素の体積の割合	21%	18%
	二酸化炭素の体積の割合	0.02%	2%

5班

		燃やす前	燃やした後
Ⓐ	石灰水	変化なし	白くにごった
Ⓑ	酸素の体積の割合	21%	16%
	二酸化炭素の体積の割合	0.03%	3%

6班

		燃やす前	燃やした後
Ⓐ	石灰水	変化なし	白くにごった
Ⓑ	酸素の体積の割合	21%	17%
	二酸化炭素の体積の割合	0.03%	3%

〈燃やす前と燃やした後を比べると〉
・燃やした後、石灰水は白くにごった。
・空気中の酸素の体積の割合は減った。
・空気中の二酸化炭素の体積の割合は増えた。

3 気体検知管を使った方法を確認し、実験を行う　〈15分〉

・気体検知管等を使って実験を行い、実験結果をノートに記録する。
「燃える前と燃えた後の空気は、どれくらい質的に変化しているでしょうか。気体検知管（気体センサー）を使って調べてみましょう」
・燃える前の集気瓶の中の気体の体積の割合と比べて変化を捉えることができるようにする。

4 各班の結果を交流し、実験結果を整理してまとめる　〈10分〉

・各班で行った実験結果を交流し、ろうそくを燃やす前と燃やした後の空気を比べた実験の結果をまとめる。
「石灰水、気体検知管（気体センサー）の結果はそれぞれどうなりましたか」

第⑥時

実験結果を基に、ろうそくの燃焼前後で空気はどのように変化したと言えるか考える

(本時のねらい)
・燃焼前後の集気瓶の中の空気を調べた結果を基に、友達と交流しながら、考えをまとめようとすることができる。

(本時の評価)
・燃焼前後の空気の変化について進んで関わり、粘り強く、友達と交流しながら問題解決しようとしている。態①

(準備するもの)
・前時に書いた班の結果シート
・学習の過程をまとめた掲示物

問題　ろうそくが燃える前と後とで空気はどのように変わるのだろうか。

1 結果

A 石灰水で調べた実験

〈ろうそくを燃やす前〉
・石灰水は白くにごらず、変化しない。

⬇

〈ろうそくを燃やした後〉
・石灰水は白くにごった。

B 気体検知管等で調べた実験

	〈燃やす前〉	〈燃やした後〉
酸素の体積の割合	約21% ➡	約17%
二酸化炭素の体積の割合	約0.03% ➡	約3%

(授業の流れ) ▷▷▷

1 前時の実験の結果について分かったことを共有する 〈10分〉

・前時の実験の結果を確認することを通して、「質的」な見方を働かせて空気の変化に着目し、問題の解決に向けた見通しをもつ。
「前の時間ではどのような結果になったのですか。整理して確認しましょう」

2 実験結果について考察し、全体で交流する 〈15分〉

・石灰水を使った実験の結果と気体検知管等を使った実験の結果を関係付けて考察し、交流する。
「それぞれの実験の結果から言えることはどのようなことですか」

---

2 │考察

A ・ろうそくを燃やすと二酸化炭素ができた。
　　→燃やす前と燃やした後の集気びんの中の空気の質は変化した。

B ・ろうそくを燃やした時、酸素が使われた。
　　→酸素が全て使われたわけではない。
　・ろうそくを燃やした時、二酸化炭素はやっぱり増えた。
　　→酸素が減った割合と同じくらい二酸化炭素の割合が増えている。

3 │結論

> ろうそくが燃えるとき、空気中の酸素の一部が使われ、二酸化炭素ができる。

4 ろうそくが燃えた後でも酸素は約17%残っているけれど、まだ燃やすことができるのかな？

---

3 交流した考察を基に、結論をまとめる 〈10分〉

・石灰水を使った実験の結果と気体検知管等を使った実験から言えることを自分で考えてまとめ、交流する。
「問題に対する結論はどうなるか考えて説明しましょう」
・ろうそくが燃えるとき、空気中の酸素の一部が使われ、二酸化炭素ができることを結論付ける。

4 学習したことを振り返り、さらなる追究の見通しをもつ 〈10分〉

・学習を振り返りながら、疑問を出し合い、学びを深めるための追究の見通しをもつ。
・ろうそくの火が消えた集気瓶の中に火のついたろうそくを入れるとどうなるか考え、燃焼後の酸素の割合に着目して問題意識をもつ。
「燃やした後の集気瓶にはまだ酸素が残っていますね。もう一度ろうそくの火を入れるとどうなると考えますか」

第 ⑦ 時

実験結果を基に、ろうそくが燃えるために必要な酸素の割合について考える

本時のねらい

・ろうそくが燃えるために必要な酸素の体積の割合を調べる活動を通して、空気の質的変化について結論を導きだすことができる。

本時の評価

・燃焼前後の空気の変化について、実験結果を基に、空気中の酸素が使われ、二酸化炭素ができることについて、より妥当な考えをつくりだし、表現している。思②

準備するもの

・気体採取器 ・気体検知管
※気体センサー
・集気瓶 ・集気瓶のふた
・ろうそく ・マッチ（ライター）
・燃焼さじ ・燃えがら入れ
・濡れ雑巾

問題 ろうそくが燃える前と後とで

1 疑問

ろうそくが燃えた後でも酸素は約17％残っているけれど、まだ燃やすことができるのか。

予想

〈燃やすことができる〉
・酸素がまだ残っているから。
・集気びんの中には約17％も酸素があるから。
〈燃やすことができない〉
・ろうそくが燃えなくなって消えてしまっているから。
・燃えるために必要な酸素の量がないから。

2 方法

一度消えた中にろうそくの火をもう一度入れる

授業の流れ ▷▷▷

1 前時に共有した疑問に対する予想を明確にし、交流する 〈10分〉

・一度ろうそくを燃やした集気瓶の中に、もう一度ろうそくの火を入れるとどうなるか予想し、酸素の割合に着目して、考えた理由について交流する。

「もう一度ろうそくの火を入れるとどうなると予想しましたか。その理由について、自分の考えを説明しましょう」

2 問題を解決するための方法を立案し、全体で共有する 〈5分〉

・一度ろうそくを燃やした集気瓶の中に、もう一度ろうそくの火を入れる実験方法を考え、気を付ける点を交流する。

「問題を追究するための実験方法を説明しましょう。そのとき、どのようなことに気を付けるとよいですか」

空気はどのように変わるのだろうか。

3 | 実験結果 | ・すぐに消えた→約17%の酸素の中ではろうそくの火は燃えない。

| 考察 |
・空気中に酸素が残っていても酸素の割合が少ないと消えてしまう。
・燃えるためには約17%より多い酸素の割合が必要。
・ろうそくが燃えるときには空気中の酸素を一部しか使わない。

4

ちっ素
酸素
二酸化炭素

燃える前 　　　　 燃えた後 　　　　 燃やすことができない

もう一度ろうそくの火を入れた時の集気びんの中の空気の様子を考え、説明してみよう。

| 結論 |

> ろうそくが燃えるとき、空気中の酸素の一部が使われ、二酸化炭素ができる。燃やした後のびんの中の空気は、酸素の割合が少なくなり、物を燃やすはたらきがなくなる。

---

3 実験結果を基に考察したことを交流する 〈10分〉

・考察したことを全体の場で出し合い、自分の考えを深める。

「実験結果から、どのようなことが言えますか」

4 空気の質的な変化を説明し、結論をまとめる 〈20分〉

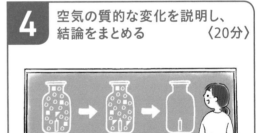

・実験結果や考察を基に、説明し、結論にまとめる。

「問題に対する結論はどうなりますか。説明しましょう」

・燃焼に必要な空気中の酸素の割合に着目して考え、燃えたときの空気の変化についてまとめる。

第⑧時

物が燃えるときの空気の働きについて、学習したことをまとめる

本時のねらい
・木や紙などを使って実験し、ろうそく以外の物も燃えると酸素の一部が使われて二酸化炭素ができることを捉えることができる。

本時の評価
・植物体が燃えるときには、空気中の酸素が使われて二酸化炭素ができることを理解している。知①
・燃焼の仕組みについて学んだことを学習や生活に生かそうとしている。態②

準備するもの
・これまでの学習過程が分かる資料(掲示物等)
・集気瓶　　　・集気瓶のふた　・石灰水
・気体検知管　・気体採取器　※気体センサー
・ろうそく　　・マッチ(ライター)
・燃焼さじ　　・燃えがら入れ　・保護眼鏡
・木(わりばし)　・木綿(ガーゼ)　・紙(段ボール)

問題　ろうそくが燃える前と後とで

1　これまでに分かったこと

〈ろうそくの火が燃えると〉
・石灰水の結果から、二酸化炭素が増えた。
・気体検知管(や気体センサー)の結果から、空気中の酸素の体積の割合が減り、二酸化炭素の体積の割合が増えた。
・ろうそくが燃えるときに、空気中の酸素の一部が使われて、二酸化炭素ができたと考えられる。

2　さらに追究して学びを深める

木や紙が燃えるときはどうなるだろうか

木
(割りばし)　木綿
(ガーゼ)　紙
(段ボール)

結果
・石灰水が白くにごった。
・ろうそくと同じで燃えると酸素の割合が減り、二酸化炭素の割合が増えた。

授業の流れ ▷▷▷

1 これまでの考察を確認し、さらに追究して学びを深めるための見通しをもつ〈10分〉

・学習してきたことを全体で確認する。
「これまでの学習ではろうそくが燃えると空気はどのように変化しましたか」
・さらに追究して学びを深めるための見通しをもつ。
「他の物が燃えたときも同じことが言えると思いますか」

2 さらに追究して学びを深めるための方法を話し合い、実験を行う〈20分〉

・さらに追究して学びを深めるための方法について考え、解決するための方法を話し合う。
「他の物が燃えたときも同じことが言えるか、どのように確かめますか」
・ろうそく以外の物でも同じことが言えるのか確かめるために実験を行う。
「考えた方法で実験して確かめてみましょう」

空気はどのように変わるのだろうか。

3 結論 | 物が燃えると、空気中の酸素の一部が使われて、二酸化炭素ができる。

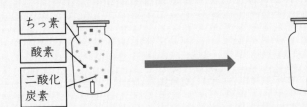

ちっ素
酸素
二酸化炭素

単元のはじめの頃の
自分の考え

自分の考えたモデル
図を比べて、単元を
通して学んだことを
振り返ってみよう。

学習を通して学んだ
自分の考え

4 学習や生活に生かしたいこと

・空気の中にある酸素は、物が燃えるときにも、生き物が生きていくためにも必要でとても大切
だと思った。
・空気は、あることに気付かないけれど、とても身近な気体で、大切なはたらきをもっていると
感じた。だから、空気をきれいにすることを意識して過ごしていきたい。

---

3 考察を基に結論付け、単元を通して学んだことを振り返る 〈10分〉

・考察したことを全体の場で出し合い、結論を
導きだす。
「実験結果からどのようなことが言えますか」
・単元を通した自分の考えの変容について、第
④時で予想した内容と学習して理解したこと
を比較しながら振り返る。
「学習のはじめに予想した内容と比べて、どん
なことが言えそうですか」

4 これからの学習や生活に生かしていきたいことを話し合う 〈5分〉

・学んだことを、これからの学習や生活にどの
ように生かしていきたいかについて話し合
う。
「学習して学んだことを、これからの学習や生
活に、どのように生かしていきたいですか」

2 水溶液の性質 A⑵ （11時間扱い）

単元の目標

　水に溶けている物に着目して、それらによる水溶液の性質や働きの違いを多面的に調べる活動を通して、水溶液の性質や働きについての理解を図り、観察、実験などに関する技能を身に付けるとともに、主により妥当な考えをつくりだす力や主体的に問題解決しようとする態度を育成する。

評価規準

知識・技能	思考・判断・表現	主体的に学習に取り組む態度
①水溶液には、酸性、アルカリ性及び中性のものがあることを理解している。 ②水溶液には、気体が溶けているものがあることを理解している。 ③水溶液には、金属を変化させるものがあることを理解している。 ④水溶液の性質や働きについて、観察、実験などの目的に応じて、器具や機器などを選択し、正しく扱いながら調べ、それらの過程や得られた結果を適切に記録している。	①水溶液の性質や働きについて、問題を見いだし、予想や仮説を基に、解決の方法を発想し、表現するなどして問題解決している。 ②水溶液の性質や働きについて、観察、実験などを行い、溶けているものによる性質や働きの違いについて、より妥当な考えをつくりだし、表現するなどして問題解決している。	③水溶液の性質や働きについての事物・現象に進んで関わり、粘り強く、他者と関わりながら問題解決しようとしている。 ④水溶液の性質や働きについて学んだことを学習や生活に生かそうとしている。

単元の概要

　単元の目標を達成するため、次の３つの活動で単元を構成する。

第１次　水溶液を性質や働きで分類する活動
第２次　気体が溶けている水溶液から気体を取り出したり、再び溶かしたりする活動
第３次　水溶液と金属を触れさせたり、溶かした金属を取り出して性質を調べたりする活動

指導のポイント

⑴**本単元で働かせる「見方・考え方」**

　「水溶液の性質」は「粒子」を柱とした単元である。ここでは主に、「質的・実体的な見方」を働かせる子供の姿が表れる。本単元の活動では、次のように「質的・実体的な見方」を働かせる子供の姿を想定する。

　・水を蒸発させて溶けている物を取り出す。（実体的）
　・リトマス紙の色の変化で酸性・中性・アルカリ性を調べる。（質的）
　・炭酸水から発生している泡（気体）を集める。（実体的）
　・再び水に二酸化炭素を溶かし、炭酸水を作る。（質的・実体的）

・塩酸を蒸発させて、溶かしたアルミニウムを取り出す。（実体的）

・取り出した物と元のアルミニウムの性質を比較する。（質的・実体的）

　子供は、以上のような働きかけから複数の事実を得て結論を導きだす。その過程では、「多面的に考える」考え方を働かせて追究することを重視する。

⑵本単元における「主体的・対話的で深い学び」

　本単元では、6年生ならではの豊かな経験を活かして学ぶ姿を生み、この後の中学理科「水溶液」や「化学変化」の学習につながる資質・能力を育てたい。そのために、蒸発乾固により溶けている物を取り出そうとしたり、石灰水を使って二酸化炭素の存在を確かめたりと、経験を活かして予想や仮説を発想する姿や、問題解決への見通しをもつ姿が表れるようにする。問題解決の過程では、協働的に学ぶことのできる場を設定する。そこでは、適切な記録に基づき、複数の結果について、小グループで考察するなど、話し合いに論理性をもつことができるようにする。

　以上のような視点で授業を展開することで、子供の考えが実証性、再現性、客観性の条件を満たし、事物・現象を複数の視点から捉えることで科学的に深まることをねらう。未知の物に対する子供の考えが引き出され、経験を生かして追究することができる学習が、「主体的・対話的で深い学び」を実現し、資質・能力を育むことにつながる。

指導計画（11時間）　詳細の指導計画は 💿 02-01参照

次	時	主な学習活動	評価
1	1	**観察1** 6種類の水溶液を観察し、見分ける方法に見通しをもつ。	（思①）
	2・3	**実験1** 水溶液に溶けている物を取り出す。 **観察2** 取り出した物の結晶を観察する。	態①
	4	**実験2** リトマス紙を使って水溶液の性質を調べる。	知①
2	5	**実験4** 炭酸水から集めた気体の性質を調べる。	思①
	6	**実験5** 二酸化炭素を水に溶かし、炭酸水をつくる。	知②
3	7・8	○水溶液が金属を溶かすことについて、経験を基に話し合い、見通しをもつ。 **実験6・7** 水溶液と金属を触れさせて、反応を観察する。	思②
	9	**実験8** 金属を溶かした塩酸を蒸発させて固体を取り出す。	知④
	10	**実験9** 塩酸から取り出した物と元の金属とを比べる。	知③
	11	**実験10** 身の回りの水溶液の性質や働きを調べる。	態②

第①時

水溶液を観察し、見分け方について話し合い、実験計画を立てる

（本時のねらい）
・水溶液を観察する活動を通して、水溶液を特定することについての問題を見いだし、見分け方について話し合うことができる。

（本時の評価）
・水溶液を見分ける方法について、問題を見いだし、表現している。（思①）

（準備するもの）
（1グループあたり） ・食塩水（3mL）
・試験管（18×180）×6本
・石灰水（3mL）
・試験管立て×1
・アンモニア水（10％の原液を4倍程度に希釈したもの、3mL）
・水（3mL程度） ・塩酸（3mol×3mL）
・炭酸水（3mL）

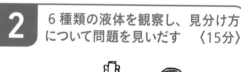

1 5年「もののとけ方」より

水よう液とは
・物が水にとけて見えなくなっている。
・物がとけた分、重くなる。
・とける量には限度がある。
・ミョウバンは温度を上げるととける量が増える。
・食塩は温度をあげてもとける量があまり増えない。
・温度を下げるととけた物が取り出せる。
・とけた物は、水を蒸発させると取り出せる。

2

	A
見た目	無色透明
におい	あり

（授業の流れ）▷▷▷

1 5年「物の溶け方」での学習を振り返る 〈10分〉

・5年「物の溶け方」で学習したことについてグループで話し合う。
・話し合ったことは、ノートに記録する。
・グループの代表は、話し合いから出た話題を発表する。
「水溶液について、5年生ではどのような学習をしましたか。グループで話し合って発表しましょう」

2 6種類の液体を観察し、見分け方について問題を見いだす 〈15分〉

・6本の試験管に入った液体の見た目とにおいを調べる。
・提示された液体の名前と照らし合わせ、分かったことをノートに表として記録する。
「どれがどの液体か、観察して見分けましょう」
＊水溶液の取扱いについて指導する。特に、においは直接嗅ぐことのないようにする。

3 水よう液を見分けるにはどうしたらよいのだろうか。

B	C	D	E	F
泡が多い	無色透明	無色透明	うっすら白い	無色透明
なし	なし	なし	なし	あり

水　　塩酸　　石灰水

炭酸水　　アンモニア水　　食塩水

> カードにしておくと話し合いの中で表に貼ることができる

4 〈見分け方〉

・食塩水⇒水を蒸発させて取り出し、結晶を観察する。

・石灰水⇒二酸化炭素と触れさせると白くにごるか見る。

・「酸性」の水溶液⇒金属と触れると酸性雨のように溶かすか見る。

・リトマス紙というのも試したい。

---

3 水溶液の見分け方についてグループで話し合う　〈10分〉

・観察から分かったことを基に、特定できそうな水溶液を予想する。

・観察では分からなかった水溶液の見分け方を溶けている物に着目して考える。

「分かった液体がありますか。分からなかった液体はどのように見分けるといいですか」

4 グループでの話し合いを基に、全体で話し合う　〈10分〉

・グループで出た方法から、試す価値のありそうな方法をいくつか発表する。

・全体で話題になった方法について、ノートに記録する。

・次の時間に試したい方法について考える。

・リトマス紙など未習の方法が出た場合は、一旦受け止めることで価値付け、次時以降の活動に生かすようにする。

第②／③時

水を蒸発させ、溶けている物を取り出すことで水溶液を見分ける

本時のねらい
・溶けている物を取り出す活動を通して、水溶液に溶けている物を考えたり、水溶液を見分けたりしようとすることができる。

本時の評価
・水溶液に溶けている物を取り出す活動に進んで関わり、粘り強く、友達と話し合いながら問題解決しようとしている。態①

準備するもの
（1グループあたり）　・蒸発皿、ピペット
・試験管（18×180）×6本
・実験用ガスコンロ　・試験管立て×1
・金網
・第①時と同じ種類・量の水と水溶液
・濡れ雑巾、軍手　・板書用の表（模造紙）
・保護眼鏡　・顕微鏡や実体顕微鏡

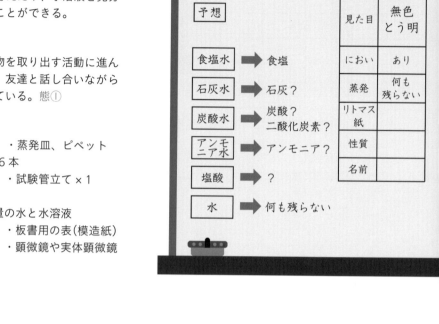

| 1 | 水よう液を見分けるにはどうし |

予想

食塩水	→	食塩
石灰水	→	石灰？
炭酸水	→	炭酸？二酸化炭素？
アンモニア水	→	アンモニア？
塩酸	→	？
水	→	何も残らない

結果

3		A
	見た目	無色とう明
	におい	あり
	蒸発	何も残らない
	リトマス紙	
	性質	
	名前	

授業の流れ ▷▷▷

1 水溶液に溶けている物を予想する　〈10分〉

・前時に考えた水溶液を見分ける方法を振り返り、その1つの方法として、水溶液に溶けている物に着目する。
・水溶液の名前と関係付けたり、経験を想起したりしながら、溶けている物を予想する。
「水溶液にはどんな物が溶けていると思いますか。考えましょう」

2 6種類の液体の水を蒸発させ、溶けている物を取り出す　〈35分〉

・6種類の液体を蒸発させ、溶けている物を取り出す。
・固体が出てきた場合は、顕微鏡か双眼実体顕微鏡で結晶を観察する。
「白い固体が何か、どうしたら分かりますか」
＊理科室の換気、火の取り扱いに注意する。
＊保護眼鏡を着用する。
＊加熱後に蒸発皿を触る際は軍手を着用する。

たらよいのだろうか。

B	C	D	E	F
泡が多い	無色とう明	無色とう明	うっすら白い	無色とう明
なし	なし	なし	なし	あり
何も残らない	白い固体（食塩）	何も残らない	白い固体（石灰）	何も残らない
	食塩水		石灰水	

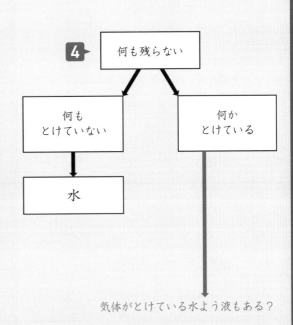

4 何も残らない

何もとけていない → 水

何かとけている

気体がとけている水よう液もある？

3 溶けている物を取り出す実験の結果について整理し、話し合う〈25分〉

・固体が出てきた水溶液は何かを特定する。
・何も残らない液体は何かについて考える。
・結果をノートに書いた表などに整理する。
「実験の結果から分かった水溶液がありましたか。グループで結果について話し合いましょう」

4 実験の結果を基に、水溶液に溶けている物について話し合う〈20分〉

・グループで話し合ったことについて発表する。
・特定できた水溶液についてまとめる。
・何も残らなかった液体について考え、水か、気体が溶けている可能性があることに気付く。
「何も残らなかった液体について、どう考えますか」

第④時

リトマス紙を使って
水溶液の性質を調べる

本時のねらい

・リトマス紙の使い方を知り、水溶液の性質を
調べることを通して、水溶液の性質や働きに
ついて捉えることができる。

本時の評価

・水溶液には、酸性、アルカリ性及び中性のも
のがあることを理解している。知①

準備するもの

（1グループあたり）
・試験管（18×180）×6本
・試験管立て×1
・第①時と同じ種類・量の水と水溶液
・板書用表
・リトマス紙の色と性質をまとめた掲示物
・リトマス紙
・シャーレ×6
・ガラス棒
・ピンセット
・板書用カード

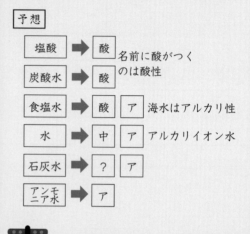

1

リトマス紙の色と性質

	酸性	アルカリ性	中性
赤	変化なし	青	変化なし
青	赤	変化なし	変化なし

予想

塩酸 ➡ 酸	名前に酸がつく
炭酸水 ➡ 酸	のは酸性
食塩水 ➡ 酸　ア	海水はアルカリ性
水 ➡ 中　ア	アルカリイオン水
石灰水 ➡ ?　ア	
アンモニア水 ➡ ア	

授業の流れ ▷▷▷

1 水溶液には酸性、アルカリ性、中性の性質がある
ことや、リトマス紙の使い方について知る〈10分〉

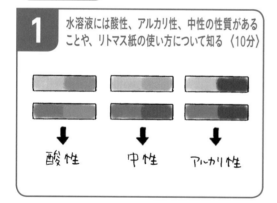

酸性　　中性　　アルカリ性

・名前と関係付けながら、6種類の液体が、
酸性、アルカリ性、中性のどの性質なのか予
想する。

「それぞれの液体は、酸性、アルカリ性、中性
のどの性質か予想しましょう」

＊リトマス紙は素手で扱わないようにする。

2 リトマス紙を使い、6種類の
液体の性質を調べる　〈15分〉

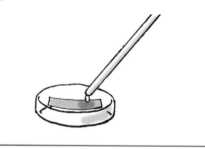

・ガラス棒に液体をつけ、リトマス紙に触れさ
せ反応を見る。

・実験はシャーレ等の上で行う。

・同じ性質でも微妙に色が違うことに着目でき
るようにする。

「どのように色が変化しましたか。薄い物と濃
い物の違いについてどう考えますか」

3 結果

	A	B	C	D	E	F
見た目	無色とう明	泡が多い	無色とう明	無色とう明	うっすら白い	無色とう明
におい	あり	なし	なし	なし	なし	あり
蒸発	何も残らない	何も残らない	白い固体（食塩）	何も残らない	白い固体（石灰）	何も残らない
リトマス紙	赤変化なし 青⇒赤	赤変化なし 青⇒ピンク	変化なし	変化なし	赤⇒水色 青変化なし	赤⇒青 青変化なし
性質	酸性	うすい酸性	中性	中性	うすいアルカリ性	アルカリ性
名前	塩酸	炭酸水	食塩水	水	石灰水	アンモニア水
溶けている物	？	たぶん二酸化炭素	食塩	なし	石灰	たぶんアンモニア

4 結論

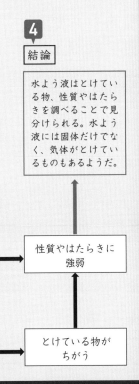

水よう液はとけている物、性質やはたらきを調べることで見分けられる。水よう液には固体だけでなく、気体がとけているものもあるようだ。

性質やはたらきに強弱

とけている物がちがう

---

3 リトマス紙で性質を調べた結果についてグループで話し合う 〈10分〉

 塩酸は同じ酸性でも色が違うよ

 塩酸は強い酸性だから色が濃いのかな

・リトマス紙で調べた性質と、これまでの実験結果などを基に、水溶液の名前についてグループで話し合い、まとめる。

「これまでの結果をグループで話し合ってまとめましょう」

・性質や働きの違いと、溶けている物の違いを関係付けることができるように机間指導する。

4 グループでの話し合いを基に、水溶液を特定する 〈10分〉

・グループで話し合ったことと特定できた水溶液について発表する。

・水溶液を見分けることについて結論付ける。

「水溶液はどのように見分けられると言えますか」

・水溶液は、溶けている物による性質や働きの違いを調べることにより見分けられることを捉えられるようにする。

第⑤時

炭酸水から気体を取り出し、性質を調べる

本時のねらい

・炭酸水から出る泡に着目し、気体を集める活動を通して、取り出した気体の性質に問題を見いだし、調べることができる。

本時の評価

・炭酸水に溶けている気体について問題を見いだし、予想や仮説を基に、解決の方法を発想し、表現するなどしている。思①

準備するもの

（1グループあたり）
・容器入り炭酸水（2本程度）
・石灰水
・線香、マッチ
・空のペットボトル（500mL）
・燃えさし入れ
・気体検知管、採取器
・シリコン管（30～40cm）
・ガラス管とゴム栓
・集気びん、ふた
・水槽

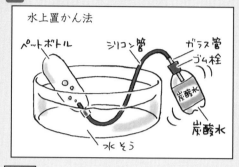

問題
1 炭酸水にはどんな気体がとけているのだろうか。

2 水上置かん法
ペットボトル　シリコン管　ガラス管　ゴム栓　炭酸水　水そう

予想

二酸化炭素なら	酸素なら	ちっ素なら
・石灰水とふれさせる ・線香を入れる ・気体検知管	・線香を入れる ・気体検知管	・気体検知管

授業の流れ ▷▷▷

1 前時までの活動を振り返り、炭酸水に溶けている気体についての問題を見いだす 〈5分〉

炭酸水を蒸発させても何も残らなかった

泡は気体だから…

・炭酸水に溶けているものについて話し合う。

「炭酸水にはどのようなものが溶けていると考えられますか」

・炭酸水を飲んだことやリトマス紙等で性質を調べたこと、蒸発させても何も固体が残らなかったことなどを基に考えを発表できるようにする。

2 炭酸水からの泡の集め方、集めた気体の調べ方についてグループで話し合い、全体で交流する 〈10分〉

ペットボトル　シリコン管　ガラス管　ゴム栓　炭酸水　炭酸水　水そう

・可能性のある気体とその特定の仕方について発表する。

・水上置換の方法について確認する。

「どんな気体が集められるでしょう。確かめ方をグループで話し合い、発表しましょう」

・水上置換法は、水槽に入れる水を深くし、気体を集める容器にあらかじめ空気が入らないように指導する。

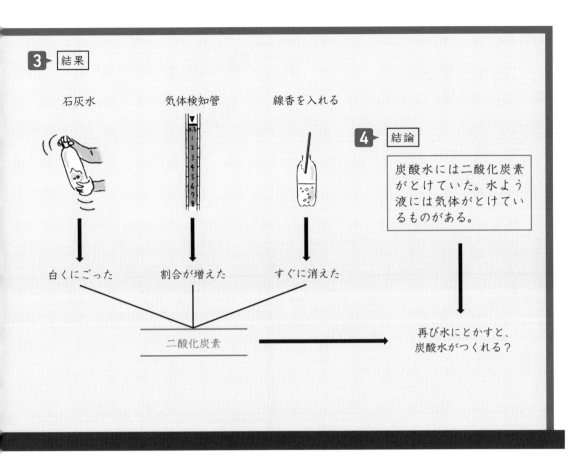

3 結果

石灰水　　　　気体検知管　　　線香を入れる

4 結論

炭酸水には二酸化炭素がとけていた。水よう液には気体がとけているものがある。

白くにごった　　割合が増えた　　すぐに消えた

二酸化炭素　→　再び水にとかすと、炭酸水がつくれる？

3 水上置換法で気体を集め、その性質を調べる　〈20分〉

・水上置換法で炭酸水から泡を集める。
・集めた気体を石灰水と触れさせる。
・気体検知管で二酸化炭素の割合を調べる。
・集めた気体に火のついた線香を入れる。
・結果から炭酸水から取り出した気体を特定する。
「結果からどのようなことが言えますか。グループでまとめておきましょう」

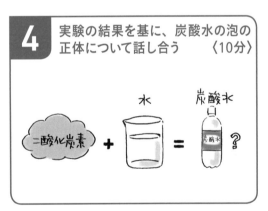

4 実験の結果を基に、炭酸水の泡の正体について話し合う　〈10分〉

・実験から得られた結果と、そこから考えたことについて発表する。
・炭酸水には二酸化炭素が溶けていたと結論付ける。
「炭酸水に溶けている二酸化炭素を取り出すことができました。再び溶かして炭酸水をつくることもできるでしょうか」
・二酸化炭素を水に溶かす活動に期待をもつ。

第⑥時

水に二酸化炭素を溶かし、炭酸水をつくる

本時のねらい
・水と二酸化炭素を混ぜる活動を通して、容器がへこむことに問題を見いだし、水に気体が溶けることを捉えることができる。

本時の評価
・水溶液には気体が溶けているものがあることを理解している。知②

準備するもの
・第⑤時で集めた気体入りの容器（ペットボトル）
・実験用二酸化炭素ボンベ（温度を変える活動に向かった場合）
・ペットボトル　　・湯せん用の湯
・リトマス紙　　　・氷水用の氷

1 二酸化炭素を水にとかすと

2 予想

炭酸水には二酸化炭素がとけていたので、二酸化炭素を水にとかすと炭酸水ができると思う。

水　二酸化炭素

混ぜる
よくふる

炭酸水ができたら…
・泡が出る
・リトマス紙

授業の流れ ▷▷▷

1 水に二酸化炭素を溶かして炭酸水をつくる方法について話し合う〈5分〉

水 ＋ 二酸化炭素

・前時の活動とは反対に、水に二酸化炭素を溶かすことができるか、また、その方法についてグループで話し合う。
「水に二酸化炭素を溶かして炭酸水をつくることができるでしょうか」

2 炭酸水ができたかどうか確かめる方法について交流する〈10分〉

赤色→リトマス紙
青色→リトマス紙

・水と二酸化炭素の混ぜ方について発表する。
・炭酸水ができているかどうか調べる方法を発表する。
「炭酸水ができたかどうか、どのように確かめるとよいでしょう」
・既習を基に、温度を変えて溶かすという考えが出た場合は、湯せんや氷水で冷やすなどの方法を知らせる。

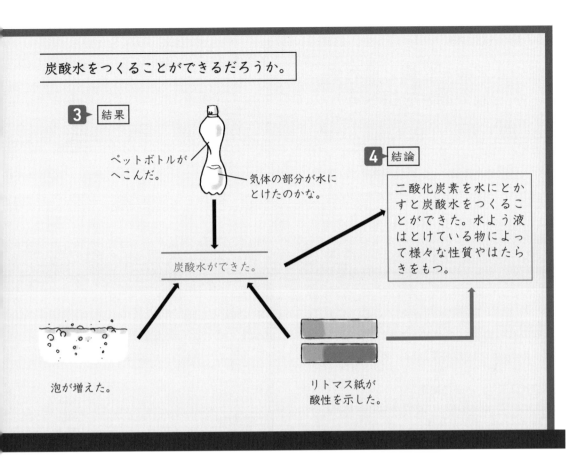

炭酸水をつくることができるだろうか。

3 結果

ペットボトルが
へこんだ。

気体の部分が水に
とけたのかな。

↓

炭酸水ができた。

泡が増えた。

リトマス紙が
酸性を示した。

4 結論

二酸化炭素を水にとか
すと炭酸水をつくるこ
とができた。水よう液
はとけている物によっ
て様々な性質やはたら
きをもつ。

---

3 水と二酸化炭素を混ぜ合わせ、炭酸水ができるかどうか調べる　〈20分〉

・ペットボトルに入れた水に二酸化炭素を加
え、振って混ぜ合わせる。
（前時に二酸化炭素を集めたボトルがある場
合は、そこに水を加えて混ぜる。）
・ペットボトルがへこんだことと、炭酸水がで
きたことを関係付ける。
「炭酸水はできましたか」
「ボトルの中で何が起きたのでしょう」

4 実験の結果を基に、水に気体が溶けることについて結論付ける　〈10分〉

気体も固体も同じよ
うに水に溶かすこと
ができるね

何かが溶けると、
水は性質や働きを
もつのだね

・実験から得られた複数の結果から、水に気体
が溶けることについて結論付ける。
「実験の結果から、水に気体が溶けることにつ
いてどのようなことが言えるでしょう」
・何も性質や働きを示さない水と比較して考え
るようにすることで、炭酸水ができた、でき
ないではなく、水に物が溶けることについて
捉えることができるようにする。

第⑦／⑧時

酸性の水溶液を金属と触れさせ、水溶液の働きを調べる

本時のねらい
・水溶液を金属と触れさせる活動を通して、その反応に問題を見いだし、酸性の水溶液が金属を溶かすことについて考えることができる。

本時の評価
・金属を変化させる水溶液の働きについて、実験を行い、金属を溶かす酸性の水溶液の働きについて、より妥当な考えをつくりだし、表現するなどしている。思②

準備するもの（1グループあたり）
・ピペット　　　　・試験管（18×180）×6
・アルミカップ（0.2g/枚・5枚程度）
・試験管立て　　　・保護眼鏡
・スチールウール（適量）・炭酸水（10mL程度）
・塩酸（3mol・10mL程度）
・アンモニア水（10mL程度）・電子てんびん

1 水よう液を金属とふれさせると

予想

2 結果

溶かす ～酸性なら
・酸性雨
・さび

溶かさない
・炭酸ジュース（缶）
・アルカリ性

わからない
・種類によって
・はたらきの強さによって

結果
炭酸水
塩酸
アンモニア水
水

授業の流れ ▷▷▷

1 水溶液が金属を溶かすことについて話し合う　〈15分〉

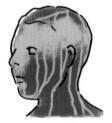

・水溶液が金属を溶かすことについて、既習の内容や生活経験を根拠に予想する。
「水溶液が金属に触れるとどうなるでしょうか。予想しましょう」
・どの水溶液を試すかについても話題にするように関わる。

2 水溶液をアルミニウムに触れさせ、反応を観察する　〈30分〉

・炭酸水、塩酸、アンモニア水、水とアルミニウムを触れさせる。
「水溶液とアルミニウムを触れさせて、どうなるか観察しましょう」
＊保護眼鏡の着用、換気等、安全面に留意する。
＊一度に多量のアルミニウムを反応させない。
・アルミニウムの重さを計測しておくように促す。

どうなるのだろうか。

3

アルミニウム	鉄（スチールウール）
泡がついた （とけてはいない）	泡がついた （とけてはいない）
しばらくすると 泡・音・熱・けむりを 出して激しく反応した	アルミニウムと同じく 泡・音・熱・けむりを 出して激しく反応した
変化なし	変化なし
変化なし	変化なし

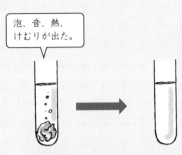

泡、音、熱、
けむりが出た。

・金属はとけて見えなくなった。
・塩酸はとう明になった。

4 結論

塩酸が金属とふれると激しく反応
してとかした。酸性の水よう液に
は、金属をとかすものがある。

---

3 水溶液と鉄を触れさせ、
反応を観察する 〈30分〉

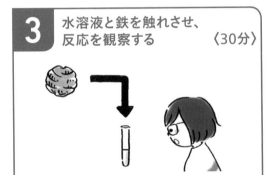

・炭酸水、塩酸、アンモニア水、水と鉄（ス
　チールウール）を触れさせる。
「水溶液と鉄を触れさせて、どうなるか観察し
ましょう」
「アルミニウムと比べるとどうですか」
・時間の経過と反応の変化に着目できるように
　促す。

4 水溶液と金属を触れさせた観察、
実験の結果をまとめる 〈15分〉

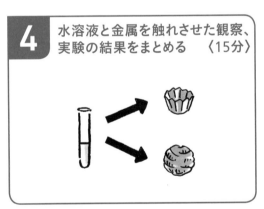

・水溶液と金属の反応についての記録を基に、
　グループで話し合う。
・グループでまとめたことを全体で交流する。
「水溶液と金属を触れさせて、気付いたことを
発表しましょう」
・金属が溶けて塩酸が透明になったことに着目
　できるように促す。

第⑨時

塩酸に溶かした金属を取り出す

本時のねらい
・水溶液を加熱蒸発させて、塩酸に溶かした金属を取り出すことができる。

本時の評価
・塩酸に溶けた金属を取り出すために、器具や機器などを選択し、正しく扱いながら調べ、それらの過程や得られた結果を適切に記録している。知④

準備するもの
（1グループあたり）
・前時に反応させた塩酸
・試験管／試験管たて
・実験用ガスコンロ
・ピペット
・保護眼鏡
・軍手
・濡れ雑巾
・蒸発皿、金網

---

1 塩酸にとけた金属は取り出せる

泡、音、熱、けむりが出た。

・金属はとけて見えなくなった。
・塩酸はとう明になった。

予想　塩酸にとかした金属は…

取り出せる　　取り出せない

食塩やミョウバンと同じ。

あるが粉々。

けむりで出た分、減っている。

泡やけむりとなり出ていった。

授業の流れ ▷▷▷

1 塩酸と金属の反応について話し合い、問題を見いだす 〈5分〉

・前時の実験を振り返り、塩酸に溶けた金属の行方について話し合う。
「塩酸に溶けた金属はどこに行ったと考えられますか」
・第5学年「物の溶け方」での既習の内容などを引きだし、塩酸に溶かした金属が水溶液の中にあるかないかについての問題を見いだせるようにする。

2 塩酸に溶かした金属の行方を予想する 〈10分〉

塩酸の中にあれば取り出せるはずだけど…

・塩酸に溶かした金属を取り出せるかどうかについて予想し、交流する。
・予想の根拠を明確にして発表する。
「塩酸に溶けた金属は取り出せると考えますか」
・塩酸と激しく反応したことや、塩酸が透明になったことなど、実験の結果を根拠にした予想や仮説が立てられるようにする。

のだろうか。

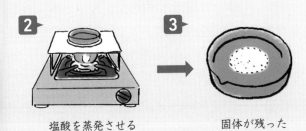

2 塩酸を蒸発させる → 3 固体が残った

結果
・蒸発皿に固体が残った。
・元の金属とは見た目がちがう。

4 結論

金属をとかした塩酸を蒸発させると、固体が残った。
元の金属と同じ物なのだろうか。

---

3 金属を溶かした塩酸を蒸発させて固体を取り出す 〈20分〉

・実験の方法や注意点について確認する。机の上や周りに燃えやすい物がないか、換気はされているかなどの環境を確認する。
・金属を溶かした塩酸を蒸発させ、固体を取り出す。
＊実験中は保護眼鏡を必ず着用すること、蒸発皿や金網、ガスコンロは冷めてから触ること等、安全面について指導する。

4 実験の結果について交流し、取り出した物について問題を見いだす 〈10分〉

・実験の結果を交流する。
・塩酸から取り出した固体は、元の金属と見た目が違うことから、その正体について問題を見いだすようにする。
「これは元の金属と同じと言えますか」
・ここでは性質をはっきりさせる必要性を明確にできるようにし、性質を比較する方法については次時に考えるようにする。

第⑩時

塩酸から取り出した物の性質を調べる

（本時のねらい）
・塩酸から取り出した物の性質を調べる活動を通して、水溶液には金属の性質を変化させるものがあるという考えをもつことができる。

（本時の評価）
・水溶液には、金属を変化させるものがあることを理解している。知③

（準備するもの）
（1グループあたり）
・薬包紙（必要に応じて）
・前時に塩酸から取り出した物
・塩酸　　　　　　　・蒸発皿
・試験管／試験管立て　・電子てんびん
・水　　　　　　　　・薬さじ
・豆電球／乾電池等

1 取り出した物は元の金属と同じ物

金属をとかした塩酸を蒸発させると、白い固体が残った。

予想

元の金属と同じ物	元の金属とはちがう物
・食塩やミョウバンのように出てきた。 ・金属しかとかしていないから。 ・塩酸だけを蒸発させても何も残らないから。	・見た目がちがうから。 ・塩酸は水とちがい、もともと何かがとけているから。

（授業の流れ）▷▷▷

1 塩酸から取り出した物と元の金属についての問題を見いだし、取り出した物の正体を予想する　〈5分〉

　元の金属と同じ物なのかな

・前時の実験結果を基に、塩酸から取り出した物が元の金属と同じ物か違う物かについての問題を見いだす。
・既習や経験から、取り出した物の正体を予想する。
「塩酸から取り出した物は、元の金属と同じと言えるでしょうか。そう考えた理由もあわせて発表しましょう」

2 取り出した物と元の金属の性質を比べる方法について話し合う　〈10分〉

　同じ物なら塩酸に溶けるはず　　元の金属と同じ重さなのかな

・取り出した物が元の金属と同じ物かどうかについて予想し、判断するための方法を考える。
「取り出した物の正体は、どうしたらはっきりするでしょう」
・元の金属の性質を利用したり、第5学年「物の溶け方」で食塩やミョウバンを取り出した経験を利用したりするなど、既習の内容を生かした方法を発想できるようにする。

だろうか。

2

重さを比べる	塩酸にとかす	水にとかす	電気を通す
同じ重さなら 同じ物	塩酸にとけたら 同じ物	水にとけないなら 同じ物	電気が通ったら 同じ物

3 結果

元の金属より、 5倍くらい 重くなっている。	泡や音、熱、 が発生しない。	水にとけた。	豆電球が光らない。 電気が通らない。

↓

塩酸から取り出した物は、元の金属とは性質がちがう。

4 結論

水よう液には金属を変化させる物がある。

---

3 取り出した物と元の金属の
性質を比べる 〈15分〉

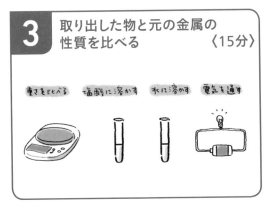

・自分たちで考えた方法で、取り出した物と元
の金属の性質を比べる実験を行う。
・グループで考えた方法を優先して実験する。
結果を記録し、時間があれば他の方法でも確
かめるようにする。

4 実験の結果を交流し、塩酸に溶け
た金属について話し合う 〈15分〉

塩酸に溶けた金属は、
元の金属とは性質が
変わったのだね

・実験の結果を発表する。
・塩酸に溶けた金属が変化したことについて話
し合い、結論付ける。
「取り出した物は元の金属と同じ物と言えるで
しょうか」
「水溶液と金属が触れることでどのような変化
が起きたと考えられますか」

第⑪時

身の回りの水溶液の性質や
働きを調べる

本時のねらい
・身の回りの洗剤や薬品について調べる活動を
通して、それらの性質や働きに問題を見いだ
し、様々な性質や働きが生活に役立っている
ことを捉えることができる。

本時の評価
・水溶液の性質や働きについて学んだことを学
習や生活に生かそうとしている。態②

準備するもの
（1グループあたり）　　　・ガラス棒
・酸性の洗剤　　　　　　・リトマス紙
・アルカリ性の洗剤　　　・ピンセット
・中性の洗剤　　　　　　・ゴム手袋
・シャーレ×4個程度　　 ・保護眼鏡

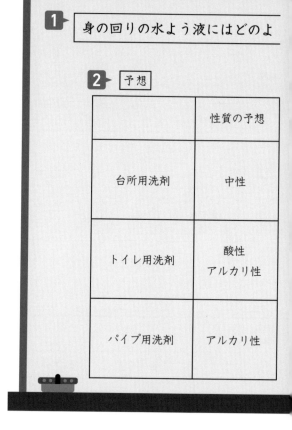

	性質の予想
台所用洗剤	中性
トイレ用洗剤	酸性 アルカリ性
パイプ用洗剤	アルカリ性

1 身の回りの水よう液にはどのよ

2 予想

授業の流れ ▷▷▷

1 身の回りの水溶液にどのような
物があるか話し合う 〈5分〉

・身の回りの水溶液にはどのような物があるか
考える。

「身の回りにはどのような水溶液があります
か。考えて、発表しましょう」

2 身の回りの水溶液の働きから、
性質を予想する 〈10分〉

台所は食べ物を
扱う場所だから…

パイプにはどんな
汚れがたまるのかな

・身の回りの水溶液（用途別の洗剤）の働きを
考えることで性質を予想する。

「台所用洗剤、トイレ用洗剤、パイプ用洗剤は
それぞれどのような性質でしょう。働きから考
えてみましょう」

うな性質やはたらきがあるのだろうか。

3 結果

理由 (はたらきの予想)	結果 (性質)	結果とラベルから 気付いたこと
・口に入れても安全だけど、油よごれは落とす。	中性	・安全性が高いことを意識している。 ・肌を痛めないようにしている。
・酸でよごれを強力にとかしそう。 ・アンモニア水のように、殺きんだからアルカリ性だと思う。	酸性	・酸性の洗ざいは、アルカリ性のよごれに効く。 ・アルカリ性のトイレ用洗ざいもある。 ・混ぜると危険。
・酸性だったら金属のパイプはとけてしまうと思う。	アルカリ性	・髪の毛などをとかす。 ・皮ふもとかす。素手で扱うのは危険。 ・混ぜると危険。

4 結論

身の回りには、様々な性質やはたらきをもつ水よう液があり、それを利用することで生活に役立てている。

---

3 リトマス紙を使って身の回りの水溶液の性質を調べる 〈15分〉

・リトマス紙で身の回りの水溶液の性質を調べる。
・洗剤のラベルを見て、性質と用途を確認する。
「リトマス紙で性質を調べましょう」
「予想と比べるとどうですか」
＊洗剤を素手で扱わないように注意する。

4 ラベルの情報を調べ、身の回りの水溶液の性質や働きについて話し合う 〈15分〉

・身の回りの水溶液の性質や働きについて全体で話し合い、結論付ける。
「身の回りの水溶液についてどのようなことに気付きましたか」
・身の回りでは、水溶液の様々な性質や働きが利用され、それが生活に役立っていることに気付くことができるようにする。

3 てこの規則性 A (3) （9 時間扱い）

単元の目標

加える力の位置や大きさに着目して、これらの条件とてこの働きとの関係を多面的に調べる活動を通して、てこの規則性についての理解を図り、観察、実験などに関する技能を身に付けるとともに、主により妥当な考えをつくりだす力や主体的に問題解決しようとする態度を育成する。

評価規準

知識・技能	思考・判断・表現	主体的に学習に取り組む態度
①力を加える位置や力の大きさを変えると、てこを傾ける働きが変わり、てこがつり合うときにはそれらの間に規則性があることを理解している。 ②身の回りには、てこの規則性を利用した道具があることを理解している。 ③てこの規則性について、観察、実験などの目的に応じて、器具や機器などを選択し、正しく扱いながら調べ、それらの過程や得られた結果を適切に記録している。	①てこの規則性について、問題を見いだし、予想や仮説を基に、解決の方法を発想し、表現するなどして問題解決している。 ②てこの規則性について、観察、実験などを行い、力を加える位置や力の大きさとてこの働きとの関係について、より妥当な考えをつくりだし、表現するなどして問題解決している。	①てこの規則性についての事物・現象に進んで関わり、粘り強く、他者と関わりながら問題解決しようとしている。 ②てこの規則性について学んだことを学習や生活に生かそうとしている。

単元の概要

第 1 次では、てこをどのように使えば、小さな力で物を持ち上げられるかという問題について、支点から力点、支点から作用点までの距離に着目しながら、問題解決に取り組む。

第 2 次では、てこを傾ける働きに着目し、てこが水平につり合うときのきまりについて調べる実験を通して、てこの規則性を捉える。

第 3 次では、身の回りにあるてこを利用した道具を使い、自分の生活と関係付けながら、理解を深める。

指導のポイント

(1)本単元で働かせる「見方・考え方」

本単元は、「エネルギー」を柱とする領域に位置付けられており、てこの働きについて、主に「量的・関係的」な見方を働かせながら、力を加える位置を変えたときの手ごたえの変化を調べる活動を通して、てこの規則性についての理解を図りたい。また、てこの規則性や、てこの規則性を利用した道具の仕組みと働きとの関係を多面的に調べる活動を通して、第 6 学年で重視される「多面的に考える」考え方を身に付けるようにする。

⑵本単元における「主体的・対話的で深い学び」

　てこの規則性を利用した物は身の回りに多くあるが、子供たちは、その物に触れていても、てこの規則性がそこに利用されていることに気付いてはいない。そこで、単元の導入時に重い物をてこを使って持ち上げる体験を十分にすることで、てこについて調べたい問題を自分たちで見いだし、主体的に学ぶことができるようにする。また、追究の過程において、自分の考えをもち、その考えを伝え合ったり、議論したりする場を設定することで、対話的に学ぶことができるようにする。さらに、てこを利用して重い物を持ち上げることから問題を見いだし、てこの働きについて追究することで、てこの規則性を理解し、身の回りの道具の効果とてこの規則性を関係付けて考えることができるようにする。このような単元の流れを仕組むことで、知識を相互に関連付けて考えることができるようにし、深い学びを実現できるようにする。

指導計画（9時間）　詳細の指導計画は 💿03-01参照

次	時	主な学習活動	評価
1	1	○１本の棒と支えを使って砂袋を持ち上げる体験をし、体験して気付いたことを話し合うことで、てこの働きについて問題を見いだす。	（思①）
	2	○てこをどのように使うと、重い物を小さな力で物を持ち上げることができるかを予想し、実験方法について話し合う。	思①
	3	**実験1** 棒と支え、おもりを使って、支点から力点までの距離、支点から作用点までの距離を変え、手ごたえの変化を調べる。 ○結果を交流し、てこを使って小さな力で物を持ち上げる方法を結論付ける。	知③・思②
2	4	○てこを傾ける働きについて知り、てこが水平につり合うときのきまりについて問題を見いだす。	（思①）
	5	**実験2** てこが水平になるときのきまりについて予想し、実験方法を立案して調べる。	態①
	6	○結果を交流し、てこが水平につり合うときのきまりを結論付ける。	知①
	7	○てこのきまりを利用したてんびんの仕組みを話し合い、てんびんを使って物の重さを量る。	（態②）
3	8	**実験3** 釘抜きにてこがどのように利用されているかを考え、釘抜きを使って釘を抜くことで、てこのはたらきを調べる。 ○身の回りのてこを利用した道具に、使い方に合わせてどのようにてこが利用されているかを考え、話し合う。	知②
	9	○災害救助のとき、バールを使って物の下敷きになった人を救助する場面で、どのようにしてバールを利用するとよいかを考え、話し合う。 ○バールを使って、物の下敷きになった人形を助ける。 ○単元を通して学んだことを話し合う。	態②

第①時

てこの働きについての
問題を見いだす

(本時のねらい)
・一本の棒を使って重い物を持ち上げる活動を通して、てこの働きについての問題を見いだすことができる。

(本時の評価)
・てこの働きについて問題を見いだし、表現している。(思①)

(準備するもの)
・おもり（砂袋）
・おもり、木の棒、支点や台の図（掲示用）
・木の棒　　　・支点（角材）
・台（いす）　・軍手

1 重い物を手で持ち上げる

10kgの砂ぶくろ

・けっこう重たい。

・片手よりも両手で持つと軽く感じる。

(授業の流れ) ▷▷▷

1 重い物（10kg）を持ち上げて、重みを体感する　〈10分〉

・全員が10kgの砂袋を手で持ち上げる体験をすることで、10kgの重みを実感できるようにする。

「10kgのおもりを持ってきたよ。どのぐらい重いか、持ち上げて確かめてみましょう」

2 木の棒や支点（角材）を使って、おもりを楽に持ち上げる体験をする　〈15分〉

・おもりと支点（角材）と棒を用意し、おもりを楽に持ち上げる方法を考える。

「棒と角材をどのように使うと、おもりを楽に持ち上げることができるかな」

・全員が、てこを使って楽に物を持ち上げることができることを体験できるようにする。

「棒と角材をどのように使うと、おもりを楽に持ち上げることができるかな」

2 1本の棒を使って重い物を持ち上げる

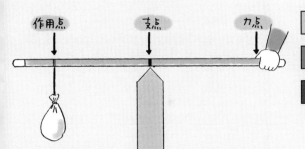

力 点	：力を加える位置
支 点	：棒を支える位置
作用点	：おもりの位置、仕事をする位置

3
・角材を棒の下に置いて、使うとおもり
が持ち上がったよ。

・手で持ち上げたときと比べて、軽く感
じたよ。

・おもりの位置によって、まったく持ち
上がらないときもあったよ。

4 問題

てこを使って物を小さな力で持ち
上げるには、どうすればよいだろ
うか。

・支点と力点の間のきょり
・支点と作用点の間のきょり

---

3 てこの働き、「支点」「力点」「作用点」の用語を知る〈10分〉

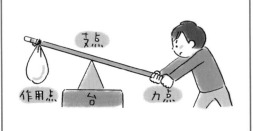

・てこを使って、おもりを持ち上げたときの手
ごたえについて交流する。

「棒と角材を使うと、おもりを楽に持ち上げる
ことはできたかな」

・てこの働き、「支点」「力点」「作用点」の用
語を知る。

「てこには、棒を支える位置の支点、力を加える
位置の力点、おもりの位置の作用点があります」

4 てこを使って小さな力で持ち上げるにはどうすればよいかという問題を見いだす〈10分〉

・てこをどのように使うと、物を小さな力で持
ち上げることができるのかを考え、問題を見
いだす。

「てこを使って物を小さな力で持ち上げるに
は、どうすればよいでしょう」

・「量的・関係的」な見方を働かせて、支点と
力点と作用点の間の距離から、手ごたえの違
いを考えることができるようにする。

第②時

支点から力点、作用点までの距離を変えたときの変化を調べる方法を考える

本時のねらい
・支点から力点、作用点までの距離を変えたときの手ごたえの変化を予想し、調べる方法を立案することができる。

本時の評価
・てこの働きについて見いだした問題について、予想や仮説を基に、解決の方法を発想し、表現している。思①

準備するもの
・おもり（砂袋）
・おもり、木の棒、支点や台の図（掲示用）
・木の棒　　　・支点（角材）
・台（いす）　・軍手

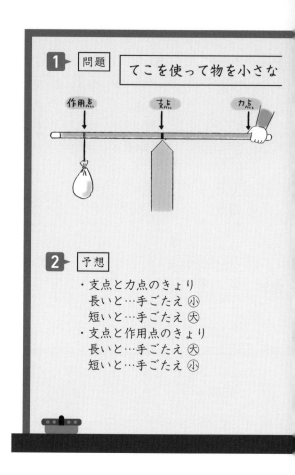

1 問題　てこを使って物を小さな

作用点　　　支点　　　力点

2 予想
・支点と力点のきょり
　長いと…手ごたえ ⑤
　短いと…手ごたえ ⑤
・支点と作用点のきょり
　長いと…手ごたえ ⑤
　短いと…手ごたえ ⑤

授業の流れ ▷▷▷

1 てこの働きと前時の問題を確認する　〈5分〉

・前時に学習した、てこの働きや用語を確認する。
・前時の体験から問題を確認する。
「てこを使うと、楽に物を持ち上げることができるときもあれば、そうではないときもありましたね」

2 前時の体験や生活経験を基に予想し、交流する　〈10分〉

・前時の体験や、生活経験を基に予想する。
・「量的・関係的」な見方を働かせて、支点と力点の距離、支点と作用点の距離を変えることで、手ごたえがどうなるかを考えることができるようにする。
「てこを使って、物を小さな力で持ち上げるには、支点から力点の距離、支点から作用点の距離をどうすればよいでしょう」

力で持ち上げるには、どうすればよいだろうか。

3 | 実験方法 |

条件をそろえる
・変える条件
・変えない条件

変える条件	変えない条件
支点と力点の きょり	支点と作用点の きょり

変える条件	変えない条件
支点と作用点の きょり	支点と力点の きょり

4 ▶ 支点と力点の距離を変える

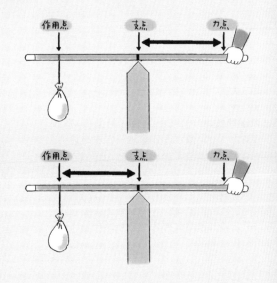

3 実験方法を考える 〈10分〉

・なぜ条件を揃えて実験をする必要性があるのかを確かめる。
・支点から力点、作用点までの距離を変えたときの手ごたえの違いについて確かめる方法を個人で記述する。
「てこを使って、物を楽に持ち上げるにはどうすればよいか、条件を揃えることに気を付けて実験方法を考えましょう」

4 実験方法について交流する 〈20分〉

・てこを使って、物を小さな力で持ち上げるにはどうすればよいか確かめる方法を全体で交流する。
「てこを使って、物を小さな力で持ち上げるには、どうすればよいか確かめる方法を話し合いましょう」
・結果がどうなるかを話し合い、見通しをもつ。
「実験の結果はどうなると思いますか」

第 ③ 時

支点から力点、作用点までの距離を変えたときの変化を調べ、結論付ける

本時のねらい
・支点から力点、作用点までの距離を変えたときの手ごたえの変化を調べ、実験結果を基に考察し、結論付けることができる。

本時の評価
・てこの規則性について、実験の目的に応じて、器具を正しく扱いながら調べ、それらの過程や得られた結果を適切に記録している。知③
・てこの規則性について、実験を行い、力を加える位置や力の大きさとてこの働きとの関係について、より妥当な考えをつくりだし、表現している。思②

準備するもの
・おもり（砂袋）　・木の棒　・支点（角材）
・おもり、木の棒、支点や台の図（掲示用）
・軍手

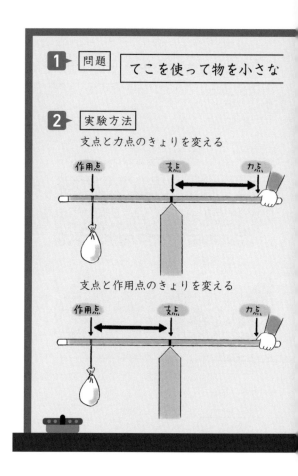

1 問題　てこを使って物を小さな

2 実験方法
支点と力点のきょりを変える

作用点　　支点　　力点

支点と作用点のきょりを変える

作用点　　支点　　力点

授業の流れ ▷▷▷

1 前時に立てた予想と、実験方法を確認する 〈5分〉

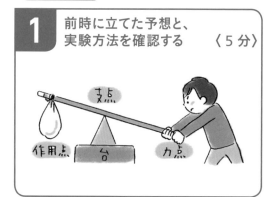

・前時に立てた予想を全体で確認する。
「てこを使って、物を小さな力で持ち上げるには、どうするとよいと考えていましたか」
・前時に立案した実験方法を班で確認する。
「班で実験方法と役割を確認しましょう」

2 班で実験の準備をし、実験を行い、結果を記録する 〈20分〉

・班で実験の準備をする。
・班で支点から力点までの距離、支点から作用点までの距離を変えて、手ごたえがどうなるかを調べる。
「条件を揃えることに気を付けて、実験をしましょう」
・実験終了後、ノートに実験結果を記録する。

力で持ち上げるには、どうすればよいだろうか。

3 結果

変える条件	変えない条件
支点と力点の きょり	支点と作用点の きょり

- 支点と力点のきょりを長くすると、手ごたえが小さくなる。
- 支点と力点のきょりを短くすると、手ごたえが大きくなる。

- 支点と作用点のきょりを長くすると、手ごたえが大きくなる。
- 支点と作用点のきょりを短くすると、手ごたえが小さくなる。

変える条件	変えない条件
支点と作用点の きょり	支点と力点の きょり

4 考察

物を小さな力で持ち上げるには

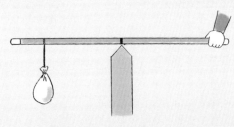

結論

支点と力点のきょりを長くしたり、支点と作用点のきょりを短くしたりすると、小さな力で物を持ち上げることができる。

3 全体で実験結果を交流する　〈10分〉

- 全体で実験結果を交流する。
- 「量的・関係的」な見方を働かせて、「支点から力点までの距離」「支点から作用点までの距離」をどうすると、手ごたえがどうなったのかを考えることができるようにする。

「支点から力点までの距離や、支点から作用点までの距離をどうすると、手ごたえはどのように変わりましたか」

4 実験結果を基に、てこを使って物を小さな力で持ち上げる方法を考察し、結論付ける　〈10分〉

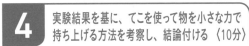

- 実験結果を基に、問題「てこを使って物を小さな力で持ち上げるにはどうすればよいだろうか」について個人で考察し、全体で交流することで結論を導きだす。

「てこを使って物を小さな力で持ち上げるには、どうすればよいですか」
「みんなの考えから、問題の答えはどうなると考えられますか」

第④時

てこが水平につり合うときの きまりについて問題を見いだす

本時のねらい
・てこが水平につり合うときのきまりに興味を
　もち、きまりについて問題を見いだし、表現
　することができる。

本時の評価
・てこが水平につり合う時のきまりについて、
　問題を見いだし、表現している。（思①）

準備するもの
・おもり（砂袋）　　・実験用てこ
・木の棒　　　　　　・おもり
・支点（角材）
・実験用てこ、おもりの図（掲示用）
・台（いす）　　　　・軍手

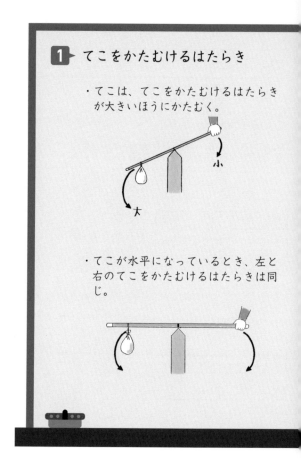

1 **てこをかたむけるはたらき**

・てこは、てこをかたむけるはたらき
　が大きいほうにかたむく。

小

大

・てこが水平になっているとき、左と
　右のてこをかたむけるはたらきは同
　じ。

授業の流れ ▷▷▷

| **1** | 「てこを傾ける働き」について知る　〈5分〉 |

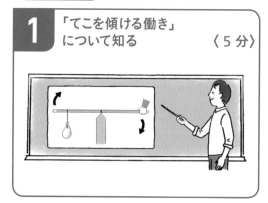

・てこを傾ける働きについて知る。
「てこは、てこを傾ける働きが大きい方に傾き
ます。てこが水平になっているときは、左右の
てこを傾ける働きは同じです」

| **2** | 力の大きさをおもりの重さで表す　〈20分〉 |

・作用点に4kgの砂袋をつるし、力点に袋を
つるして、水平になるまで砂を入れて、袋の
重さを量ることで、力の大きさをおもりの重
さで表すことができることを知る。
「てこが水平につり合うまで袋に砂を入れたと
き、袋の重さはどのくらいでしょう」

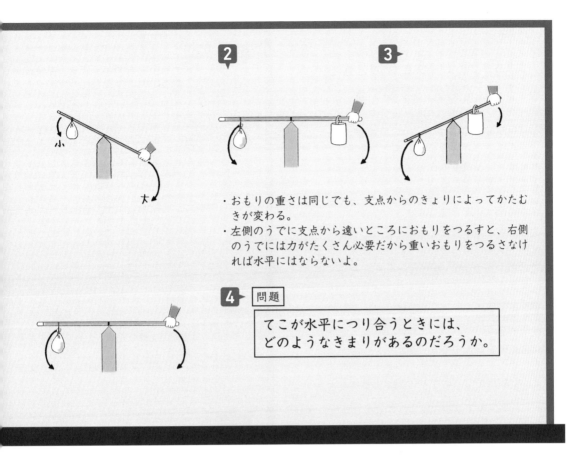

2 **3**

・おもりの重さは同じでも、支点からのきょりによってかたむきが変わる。
・左側のうでで支点から遠いところにおもりをつるすと、右側のうでには力がたくさん必要だから重いおもりをつるさなければ水平にはならないよ。

4 問題

てこが水平につり合うときには、どのようなきまりがあるのだろうか。

---

3 片方のうでにつるすおもりの支点からの距離を変えると、てこの傾きが変わることを知る 〈5分〉

・砂を入れた袋を使って、片方のうでにつるすおもりの支点からの距離を変えると、同じ重さでもてこを傾ける働きが変わることを知る。
「同じ重さのおもりでも、支点からの距離を変えると、てこを傾ける働きが変わります」

4 てこが水平につり合うとき、どのようなきまりがあるかを全体で交流し、問題を見いだす 〈15分〉

・既習事項を基に、てこが水平につり合うときのきまりを考え、全体で交流する。
「てこが水平につり合うとき、どんなきまりがありそうですか」
・「量的・関係的」な見方を働かせて、支点からおもりまでの距離とおもりの重さがてこを傾ける働きを変えていることを捉えられるようにする。

第⑤時

てこが水平につり合うときのきまり を調べる方法を考え、実験する

本時のねらい

・てこが水平につり合うときのきまりを見いだ すために、つり合う条件をたくさん見つけよ うとすることができる。

本時の評価

・てこが水平につり合うときのきまりについて の事物・現象に進んで関わり、粘り強く、友 達と交流しながら問題解決しようとしてい る。態①

準備するもの

・実験用てこ
・各班の結果を記入する表（掲示用）
・おもり
・てこ、実験用てこ、おもりの図（掲示用）

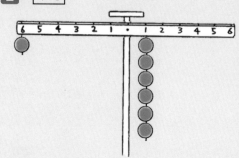

1 問題

てこが水平につり合うとき、ど のようなきまりがあるだろう。

2 予想

・右のうでは、支点に近づくにつれて、10gずつ重 くなると思う。
・棒を使って重い物を持ち上げたときは、支点から のきょりが短いほど、大きな力が必要だったよ。
・てこを水平につり合うようにするには、支点から のきょりが短いところでは、たくさんのおもりを つるさないといけないと思う。

授業の流れ ▷▷▷

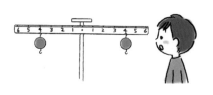

1 どうすればてこは水平につり合うかを 考えることで問題を把握する〈5分〉

・実験用てこの左のうでの支点からの距離が 6のところに10gのおもりをつるし、傾い たてこを見る。
・実験用てこ演示を見て、問題を把握する。
「どうするとてこは水平につり合うかな」
・前時の問題に対して、てこの片方のうでの、 支点からの位置とおもりのおもさを決めたも のを提示することで、考えを焦点化する。

2 てこが水平につり合うときのきまりを 予想し、全体で交流する〈10分〉

・右のうでのどこに何gのおもりをつるすと よいかを個人で予想し、ノートに記述する。
「どこに何gのおもりをつるすとてこは水平に つり合うか予想し、ノートに書きましょう」
・「量的・関係的」な見方を働かせて、どこに、 何gのおもりを吊るすとてこが水平につり 合うかを考えることができるようにする。
・予想を全体で交流する。

3 実験方法

条件をそろえる

（変える条件）
・右のうでにつるすおもりの
　支点からのきょりと重さ
（変えない条件）
・左のうでにつるすおもりの
　支点からのきょりと重さ

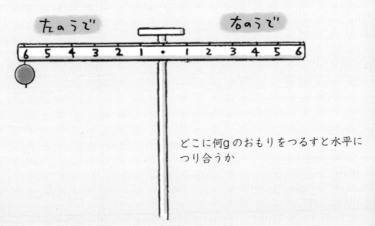

左のうで　　右のうで

6 5 4 3 2 1 ・ 1 2 3 4 5 6

どこに何gのおもりをつるすと水平に
つり合うか

4 実験

1班	左のうで	右のうで				
支点からのきょり	6					
おもりの重さ（g）	10					

3 きまりを調べる方法を個人で
立案し、全体で交流する〈10分〉

・条件を揃えて実験をする必要性を確かめる。
・てこが水平につり合うときにどのようなきま
　りがあるかを確かめる方法を個人で記述す
　る。
「左のうでと右のうでのどこに何gのおもりを
つるすとてこは水平につり合うか、条件を揃え
ることに気を付けて実験方法を考えましょう」
・実験方法を全体で交流する。

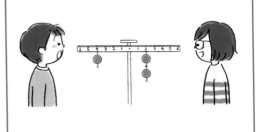

4 条件を揃えることに気を付けながら、
班で実験し、結果を記録する〈20分〉

・班で実験の準備をする。
・班で実験用てこの右のうでの支点からの距離
　とおもりの重さを変えて、てこが水平につり
　合うかどうかを調べる。
「条件を揃えることに気を付けて、実験をしま
しょう」
・実験終了後、ノートと班の結果を記入する表
　に実験結果を記録する。

第⑥時

てこが水平につり合うときのきまりを調べ、結論付ける

本時のねらい
・てこが水平につり合うときのきまりについて捉えることができる。

本時の評価
・おもりの重さと支点からの距離を変えると、てこを傾ける働きが変わり、てこがつり合うときにはそれらの間に規則性があることを理解している。知①

準備するもの
・実験用てこ
・各班の結果を記入した表（掲示用）
・おもり
・てこ、実験用てこ、おもりの図（掲示用）

1 問題 ｜ てこが水平につり合うと

1班	左のうで	右のうで					
支点からのきょり	6	6	5	4	3	2	1
おもりの重さ (g)	10	10	×	×	20	30	60

2班	左のうで	右のうで					
支点からのきょり	6	6	5	4	3	2	1
おもりの重さ (g)	20	20	×	30	40	60	120

3班	左のうで	右のうで					
支点からのきょり	3	6	5	4	3	2	1
おもりの重さ (g)	20	10	×	×	20	30	60

4班	左のうで	右のうで					
支点からのきょり	6	6	5	4	3	2	1
おもりの重さ (g)	30	×	×	×	60	90	180

授業の流れ ▷▷▷

1 前時に行った実験の結果を発表する　〈5分〉

・班の結果をまとめた表を見ながら、結果を発表する。

「前時の実験でどんな結果になりましたか」

2 結果を基に個人で考察してノートに記述し、全体で交流する　〈15分〉

・複数の班の結果を基に個人で考察し、より妥当な考えをつくりだす。

「全ての班の結果から、てこが水平につり合うときにはどんなきまりがあるといえますか」
・考察したことを全体で交流する。

「てこが水平につり合うときにはどんなきまりがあると考えましたか」

き、どのようなきまりがあるだろう。

5班	左のうで	右のうで					
支点からのきょり	3	6	5	4	3	2	1
おもりの重さ (g)	60	30	×	×	60	90	60

6班	左のうで	右のうで					
支点からのきょり	4	6	5	4	3	2	1
おもりの重さ (g)	10	×	×	10	×	20	40

7班	左のうで	右のうで					
支点からのきょり	5	6	5	4	3	2	1
おもりの重さ (g)	20	×	20	×	×	50	100

8班	左のうで	右のうで					
支点からのきょり	6	6	5	4	3	2	1
おもりの重さ (g)	20	20	×	30	40	60	120

2 考察

・右のうでのおもりの重さと支点からのきょりをかけると、左のうでのおもりの重さと支点からのきょりをかけた数と同じになる。

・支点からのきょりを 2 倍にするとおもりの重さは $\frac{1}{2}$ になり、3 倍、4 倍にすると、$\frac{1}{3}$、$\frac{1}{4}$ になっている。

・つり合わなかったところも、もっと軽い1gのおもりがあればつり合うはず。

3 ○つり合わなかった場所も 1gのおもりを使うとつり合うか確かめる。

おもりの重さ × 支点からのきょり
＝おもりの重さ × 支点からのきょり

4 結論

おもりの重さと支点からのきょりをかけた数が、てこの左右で等しくなったとき、てこは水平につり合う。

3 てこが水平につり合わなかった場所も、きまりが当てはまるか確かめる〈15分〉

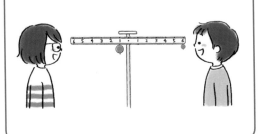

・1gのおもりを用いて、実験でてこが水平につり合わなかった場所でも、見つけたきまりが当てはまるか調べる。

・「量的・関係的」な見方を働かせて、どの場所でもきまりが当てはまるかを考え、確かめる。

「水平につり合わなかった場所でも、見つけたきまりは当てはまるか確かめましょう」

4 確かめたことを基に、てこが水平につり合うときのきまりについて全体で結論付ける〈10分〉

・確かめた事実を基に、結論を導きだす。

「ほかの場所でもきまりが当てはまるかを調べてみて、てこが水平につり合うときにはどんなきまりがあるといえますか」

・「量的・関係的」な見方を働かせて、おもりの重さと支点からの距離をかけた数が左右で等しくなるとき、てこは水平につり合うことを捉えられるようにする。

第⑦時

てんびんを使って物の重さを量る

本時のねらい
・上皿てんびんを正しく使って物の重さを量ることができる。

本時の評価
・てんびんの仕組みについて学んだことを上皿てんびんにあてはめて考えようとしている。
（態②）

準備するもの
・てんびんのイラスト
・上皿てんびん
・分銅
・上皿てんびんのイラスト

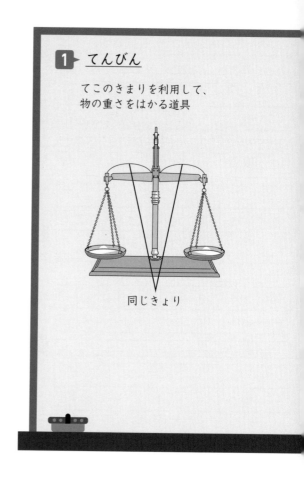

1 てんびん

てこのきまりを利用して、物の重さをはかる道具

同じきょり

授業の流れ ▷▷▷

1 てんびんの仕組みについて話し合う　〈10分〉

・てんびんは、てこのきまりを利用して物の重さを量る道具であることを知り、てんびんの仕組みについて、これまでの既習事項を基にして考える。

「てんびんは、てこのきまりを使用して物の重さを量る道具です。てこのきまりがどのように利用されていますか」

2 上皿てんびんの使い方を知る　〈5分〉

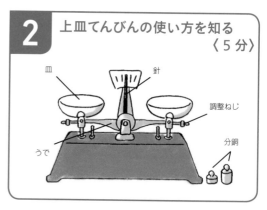

皿　針　調整ねじ　うで　分銅

・上皿てんびんの使い方の説明を聞き、その使い方を覚える。

「上皿てんびんで物の重さを量ることができます。使い方を覚えて物の重さを量りましょう」

2 上皿てんびん

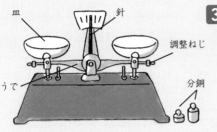

皿　針　調整ねじ　うで　分銅

○上皿てんびんで物の重さをはかろう。

〈はかり方〉

3 ・物の重さをはかる

1. 物を左、分銅を右の皿にのせる。
2. 分銅は重い方から順にのせる。

上皿てんびんの使い方
・水平な場所に置く。
・分銅はピンセットで持つ。
・針が左右に同じはばでふれると重さは同じ。

4 ・きまった重さになるようにはかる

1. 左の皿に、分銅をのせる。
2. 右の皿に、はかりとりたい物をつり合うまでのせる。

---

3 上皿てんびんを使って、物の重さを量る 〈15分〉

・上皿てんびんを使って、身の回りの物の重さを量る。

「上皿てんびんを正しく使い、物の重さを量りましょう」

・一人一人がてんびんを使って物の重さを量ることができるようにする。

4 上皿てんびんを使って、決まった重さになるように量る 〈15分〉

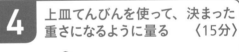

・てんびんを使って、決まった重さになるように量ることができることを知る。

「次は、上皿てんびんを使って、決まった重さになるように量りましょう」

・上皿てんびんを使って、身の回りの粉や水を決まった重さになるように量る。

第⑧時

てこを利用した道具を調べる

（本時のねらい）

・身の回りの道具には、てこを利用した物があ
ることを知り、てこの働きと関係付けて捉え
ることができる。

（本時の評価）

・身の回りには、てこの規則性を利用した道具
があることを理解している。知②

（準備するもの）

・釘抜き　　・ペンチ
・釘　　　　・栓抜き
・木の板　　・トング
・金づち　　・軍手

1 ［問題］

身の回りの道具には、てこの
はたらきがどのように利用さ
れているのだろうか。

くぎぬきを使って、小さな力でくぎをぬくこと
ができるか、考えてみよう。

力点　作用点　支点

2 ［予想］

支点から力点のきょりを長くし、支点から作用
点のきょりを短くすると、小さな力でくぎをぬ
くことができると思う。

（授業の流れ）▷▷▷

1 釘抜きをどのように使うと、小さな力で
釘を抜くことができるか予想する〈5分〉

「釘抜きはてこを利用した道具です。どこが支
点、力点、作用点でしょうか」

・釘抜きをどのように使うと小さな力で釘を抜
くことができるかを予想する。

「今までの学習のことを生かして、釘抜きをど
のように使うと、小さな力で釘を抜くことがで
きるか考えてみましょう」

2 釘抜きで釘を抜き、
予想を確かめる　　〈10分〉

「釘抜きをどのように使うと、小さな力で釘を
抜くことができるか確かめましょう」

・全員が釘抜きを使って釘を抜き、予想を確か
める。

・「量的・関係的」な見方を働かせて、釘抜き
を持つ場所を変えると、どのくらいの力の大
きさで釘が抜けるのかといった視点で釘抜き
の有用性を捉えられるようにする。

3 結果

・支点から力点のきょりを長くすると
　小さな力でぬける。
・支点から力点のきょりを短くすると
　大きな力が必要（くぎがぬけない）。
・支点から作用点のきょりは、
　変えることができない。

考察

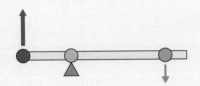

くぎぬきを使って小さな力でくぎを
ぬくには、支点から力点までのきょ
りを長くするとよい。

4 他の物にはてこがどのように利用されているかな。

┌ 支点が力点と作用点の間にあるてこ ─┐
ペンチ　　　　　　　・作用点に大きな力
　　　　・大きな力で物をつまむ
　　　　　　　　　　　ことができる
└───────────────────────┘

┌ 作用点が支点と力点の間にあるてこ ─┐
せん抜き　　　　　　・作用点に大きな力
　　　・ビンのふたをあけやすい
└───────────────────────┘

┌ 力点が支点と作用点の間にあるてこ ─┐
トング　　　　　　　・作用点に小さな力
　　　・パンなどをはさんだと
　　　　　　　　　　　きにつぶれない
└───────────────────────┘

結論

道具の使い道や使い方に合わせて、てこが利用
されている。

---

3 全体で結果を交流し、どうして小さな力で
釘を抜くことができるのか考察する　〈10分〉

・結果を全体で交流する。
「釘を抜いて、どんなことが分かりましたか」
・釘抜きのてこの働きについて、全体で交流す
　る。
「支点から力点までの距離を長くすると、どう
　して小さな力で釘を抜くことができるのでしょ
　う」

4 他の道具について、てこがどのように利用
されているかを考え、交流する　〈20分〉

・実際に道具を使い、てこの働きについて考え
　る。
「それぞれの道具は、どのようにてこが利用さ
　れているでしょう」
・「量的・関係的」な見方を働かせて、支点、
　力点、作用点の位置によって、作用点に働く
　力の大きさが変わるといった視点で、身の回
　りの道具の有用性を捉えられるようにする。

第⑨時

学習を振り返り、てこの規則性についてまとめる

本時のねらい

・学んだことを生かして、生活の中でどのようにてこが利用されているかを考えたり、学んだことや学び方を振り返ったりすることで、自己の変容に気付くことができる。

本時の評価

・生活の中でてこがどのように使われているかについて、てこの規則性について学んだことを生かそうとしている。態②

準備するもの

・レスキュー隊がバールを使う状況を示すイラスト
・前時に使ったペンチ、栓抜き、トングの写真
・力点、支点、作用点を示した図
・人形　　　　・バール

1 どのようにしてバールを使って助けるのかな

2 ・支点から力点のきょりを長くなるようにして、支点から作用点までのきょりが短くなるように使うと、重い物をどかして、人を助けることができる。

授業の流れ ▷▷▷

1 レスキュー隊がどのようにバールを使うのか考え、ノートに書く 〈10分〉

・災害救助の場面で、レスキュー隊がバールを使うことを知り、物の下敷きになった人を助けるためにバールをどのように使うとよいか考え、ノートに記述する。

「災害で、物の下敷きになった人を救助するときにレスキュー隊はバールを使います。どのように使うと人を助けることができるでしょうか」

2 実際に人形を救助し、バールの使い方を説明する 〈10分〉

・実際に、全体の前でバールを使って人形を救助し、どのように使ったのかを説明する。

「実際に人形を助けて、どのようにバールを使ったのか説明しましょう」

・「量的・関係的」な見方を働かせて、支点から力点、作用点までの距離を考えてバールを使うことで、重い物を持ち上げ、人を助けることができることを捉えられるようにする。

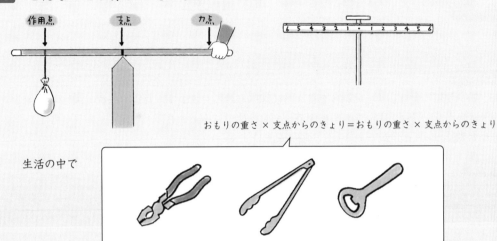

3 どんなことが分かったかな

作用点　支点　力点

おもりの重さ × 支点からのきょり＝おもりの重さ × 支点からのきょり

生活の中で

4 学び方を振り返って

・手ごたえなどを重さで表して考えると、おもりの重さ × 支点からのきょりが左右で等しくなったときに、水平につり合うことが分かった。
・いくつかの場所で、てこのきまりが当てはまるかを調べたり、1gのおもりを使って調べたりしたことで、てこのきまりがどこでも当てはまることが分かった。

3 学習を振り返ってノートに書く 〈10分〉

・単元を通して、分かったこと、まだ分からないこと、自分の学び方の観点で振り返り、ノートに記述する。
「これまで、てこについて学習してきましたが、どんなことが分かりましたか。まだ分からないことはありますか。また、分かるようになったのは、どんな学び方をしたからですか」

4 振り返りを全体で交流する 〈15分〉

・これまでの学習した図などを使いながら、振り返りを全体で交流する。
「分かるようになったことやまだ分からないこと、自分の学び方について聞かせてください」
・「量的・関係的」な見方を働かせことについての振り返りや、「多面的に考える」ことの振り返りを、その時の学習の様子とつなげて価値付ける。

4 電気の利用 A(4) （11時間扱い）

単元の概要

第1・2次は、手回し発電機や光電池、コンデンサーなどの発電・蓄電できる道具に着目して、発電や蓄電について、電流の大きさや流れる向き、つないだものの様子との関係を多面的に調べ、電気はつくりだしたり、蓄えたりすることができることを体験的に捉えることができるようにする。第3次は、豆電球や発光ダイオード、電子オルゴール、電熱線、モーターなどにつないだときの電気の働きに着目して、身近な生活の電化製品の働きについて多面的に調べ、電気は光、音、熱、運動などに変換できることを体験的に捉えることができるようにする。さらに、身近な電化製品や、町や公園などにある電気を利用した道具の働きに着目して、センサーやプログラミングの仕組みについて体験的に学習したり、生活との関連を調べたりしながら、電気の働きを目的に合わせて制御したり、効率よく電気を利用したりしているものがあることを捉えることができるようにする。

指導のポイント

(1)本単元で働かせる「見方・考え方」

本単元は、エネルギーを柱とする領域であり、電気の性質や働きについて、主に「量的・関係的」な視点を働かせながら追究していく。例えば、「手回し発電機のハンドルを回す回数を2倍にする

と、電流の大きさはどう変わるのか」、「光電池に当てる光を強くしたら、豆電球やプロペラの様子はどう変わるのか」といった「量的・関係的」な見方を働かせながら、電流の大きさ、流れる向き、電気の働きについて捉えていくことなどが考えられる。また、本単元では、「多面的に考える」という考え方を働かせて、電気の性質や働きをまとめることができるようにする。例えば、「豆電球と発光ダイオードにおける電気の使われ方」について、「点灯時間」、「回路内を流れる電流の数値」、「逆につないだときの様子」などの複数の結果を基に考察したり、友達や他のグループの考えや結果などを基に複数の側面から考察したりして、より妥当な考えをつくりだしたり、表現したりできるようにすることなどが考えられる。

⑵本単元における「主体的・対話的で深い学び」

　本単元は、「量的・関係的」な見方を働かせて、多面的に考える活動を通して、電気の性質や働きについての理解を図る。そこで、獲得した知識をつなげたり、活用したりするなど、既有の知識の更新を繰り返していくことで、「主体的・対話的で深い学び」が実現し、より妥当な考えをつくりだす力や主体的に問題解決しようとする態度が育成されるものと考える。そのためには授業と生活経験や既習の内容を結び付けながら考えることのできる学習展開の工夫が大切である。例えば、防災ラジオや自転車のライトなど身近な発電できる道具や、身近な電化製品の働きに着目して自ら問題を見いだしたり、町や公園にある電気の働きを利用した道具の仕組みと学習内容を関連付けて考えたりすることなどが考えられる。また、豆電球や乾電池の働きといった既習の内容を基に仮説や検証方法を考えたり、既習事項と比較しながら考察したりすることなどが考えられる。また、生活経験や既習の内容を生かした根拠のある考えを基に、自己の内外を行き来する対話やそれらを学習の中で友達と共有できる対話を取り入れることで、多様な考えに触れながら、電気の働きに対する自分の考えを深めていくことができるようにする。授業と生活を結び付けて考えることのできる学習展開の工夫が、主体的・対話的で深い学びが実現し、本単元で目指す資質や能力の育成につながるものと考える。

指導計画（全11時間）　詳細の指導計画は 💿 04-01参照

次	時	主な学習活動	評価
1	1	○身の回りの生活の中で、どのように電気がつくられているのかを話し合い、問題を見いだす。	（思①）
	2	**実験1** 手回し発電機で発電したときの様子を調べる。	知④
	3	**実験2** 光電池で発電したときの様子を調べる。	思①
2	4	○コンデンサーにいろいろなものをつなぎ、問題を見いだす。	知①・（思①）
	5	**実験3** 豆電球と発光ダイオードの電気の使われ方の違いを調べる。	思②
3	6	**実験4** 電熱線の発熱の様子を調べる。	態①
	7	○電化製品は、電気をどんな働きに変えて利用しているのかを調べる。	知②・知③
4	8・9	○プログラミング体験をし、電気の働きを制御する工夫について調べる。	（態②）
	10・11	○電気を有効に利用する工夫や仕組みを調べ、発表する。	態②

第①時

電気がどのようにつくられているのかを話し合う

(本時のねらい)
・発電に興味をもち、学習問題をつくることができる。

(本時の評価)
・発電について問題を見いだし、表現している。（思①）

(準備するもの)
・写真資料（掲示用）
・映像資料
・ゴム板
・発光ダイオード
・モーター

---

1 電気はどのようにつくられて

〈電気をつくることのできる電化製品〉
・ハンドル付き防災ラジオ
・自転車のライト
・太陽光パネル

> 2種類の発電方法に気付く

〈タービンで発電〉

火力発電

地熱発電

風力発電

水力発電

> 電気をつくる＝発電

(授業の流れ) ▷▷▷

1 生活の中で、どのように電気がつくられているかを話し合う〈5分〉

「身の回りで、電気をつくることのできる電化製品にはどんなものがありますか」
・生活経験や既習の内容を想起しながら、知っていることを発表し合う。
・電池を使用しなくても使える仕組みについて予想する。
・発電できる電化製品の実物を見せたり、使用させたりしてもよい。

2 発電所で電気がつくられる仕組みから気が付いたことを話し合う〈15分〉

> タービンを回して、発電しているんだね

> 小さいモーターでも電気をつくれるのかな？

・動画や写真資料から、各発電所ではタービンを回転させて発電していることについて理解し、気付いたことを発表する。
「小さなモーターでも、軸を回すと電気をつくることができるのでしょうか」
・タービンと既習の内容であるモーターの働きとを結び付けながら、自分でも電気をつくってみたいという興味・関心を高める。

いるのだろうか。

2 〈光で発電〉

太陽光発電

原子力発電

軸を回すと電気が
つくられるの？

3 活動1 モーターの軸をまわして、
電気をつくってみよう

手回し発電機で発電
する活動にしてもよい

【気付いたこと】
・電池がなくても、モーターを回転させると電気
をつくることができた。
・一瞬でも、光ったのがうれしい。
・回転がとぎれると、うまく光らない。
・軸を回し続けるのは大変だった。

4 【調べてみたいこと】
・電流の大きさをかえることができるのか、どう
やってかえるのか。
・電流の向きをかえることができるのか、どう
やってかえるのか。
・電池とちがうところはあるか。

問題 手回し発電機や光電池でつくった電気には、
どんな特ちょうがあるのだろうか。

---

3 モーターの軸を回転させ、発光ダイ
オードが光るかどうか調べる 〈15分〉

一瞬だけ、光ったよ！
電気をつくるのは大変
だ

長い時間電気をつくる
には、軸を回し続ける
必要があるなぁ

・グループで、発光ダイオードをつないだモー
ターの軸をゴムマットに擦ったり、ひもやゴ
ムなどを使ったりして回転させ、実験を行う。
・電気がつくられるときとつくられないときを
区別して、気付いたことをノートに書く。
・発電できた喜びや大変さについて、感想を話
し合いながら共有する。
・手回し発電機を使った活動でもよい。

4 発電について解決していきたいことを
話し合い、問題を見いだす 〈10分〉

乾電池と何がちがう
のかな？

たくさん電気をつくる
にはどうするのかな？

「発電について、どんなことに着目して調べて
いくとよいでしょうか」
・「電流の大きさ」や「電流の向き」に目を向
けて、乾電池の働きや乾電池から流れる電流
の性質と比較しながら、解決していきたいこ
とを自分でノートにまとめる。
・全体で発表し合い、共通点や実験・観察の視
点を明らかにしながら、問題を見いだす。

第②時

手回し発電機でつくった電気について調べる

問題
手回し発電機でつくった電気にはどんな特ちょうがあるのだろうか。

予想

・ハンドルを回したときに電気がつくられると思う。
・速く回すと、たくさんの電気がつくられると思う。
・反対に回すと、電流の向きが変わると思う。

仮説

ハンドルの回し方を変えると、流れる電流の大きさや向きが変わるのではないか。

検証方法

ハンドルの回し方を変え、つないだものの様子を調べる。

実験の視点を確かめる

授業の流れ ▷▷▷▷

1 手回し発電機でつくった電気について予想を話し合い、実験の計画を立てる〈10分〉

速く回すと、たくさんの電気がつくられると思う

豆電球の光り方やプロペラの回り方を調べてみよう

・手回し発電機でつくった電気の特徴について話し合い、調べることを明らかにする。
・電流の大きさや向きを変えるにはどうすればよいかを予想し、確かめられる方法を考えながら仮説を立てる。
「ハンドルの回し方と、つくられる電気にはどんな関係があるのでしょうか」
・実験の計画を立てて結果を予想する。

2 手回し発電機で電気をつくり、つないだものの様子を調べる　〈15分〉

「つないだものの様子に注目しながら、手回し発電機で電気をつくってみましょう」
・豆電球の光り方やプロペラの回り方などに注目し、電流の大きさや向きとの関係を考えながら個人で実験し、表に整理する。
・結果をグループで共有し、気付いたことをノートにまとめる。

2 実験結果

	ゆっくり回す	速く回す	逆に回す
豆電球			
発光ダイオード	表に整理し、つくられる電流の大きさや電流の向きとの関係を考える		
プロペラ			
電子オルゴール			

3 〈気付いたこと〉
・ハンドルを速く回すと、豆電球が明るく光った。また、プロペラが速く回った。
・ハンドルを反対に回すとプロペラが逆回転した。豆電球は光ったが、発光ダイオードは光らなかった。

乾電池の働きと比較して、予想と照らし合わせる

考察
・ハンドルを速く回すと、つくられる電流の大きさが大きくなる。
・ハンドルの回す向きを変えると、電流の向きが変わる。

結論

手回し発電機のハンドルを速く回すと電流の大きさが大きくなり、ハンドルを回す向きを変えると電流の向きが変わる。

4　仮説と照らし合わせる　光電池も電流の大きさや向きをかえられるのかな?

---

3 実験の結果を発表し合い、結果を基に考察する　〈10分〉

速く回したら、光り方や回り方が違っていたよ

プロペラが逆に回ったのは、どうしてかな

・実験の結果や気付いたことを発表し、結果を整理する。
「豆電球の光り方やプロペラの向きが変わった理由を書きましょう」
・ハンドルの回し方と、電流の大きさや向きとを関係付ける考え方を働かせて、個人で考察を書き、グループで発表し合う。

4 手回し発電機でつくった電気の特徴をまとめる　〈10分〉

乾電池と同じく、電流の大きさや向きを変えられるんだね

光電池も電流の大きさや向きを変えられるのかな?

・発表された考察を基に、手回し発電機でつくられた電気の特徴について結論を出す。
「ハンドルの回し方と、つないだものの様子から、つくられた電気について、どんなことが言えますか」
・乾電池の働きと比較して、共通点や差異点を見つける。
・光電池について話し合い、見通しをもつ。

第 ③ 時

光電池でつくった電気について調べる

本時のねらい
・発電について、予想や仮説を基に計画を立てて実験し、光電池でつくられる電流の大きさや向きの関係を捉えることができる。

本時の評価
・光電池でつくった電気の特徴について、予想や仮説を基に、解決の方法を発想し、表現している。思①

準備するもの
・光電池　　　　　　・ライト
・豆電球　　　　　　・鏡（光源装置）
・発光ダイオード
・プロペラ付モーター

問題

光電池でつくった電気にはどんな特ちょうがあるのだろうか。

予想
・光が当たると、電流が流れると思う。
・強い光が当たると、電流が大きくなると思う。
・光電池には極があるから、電池のように電流の向きをかえられると思う。

仮説
光の当て方やつなぎ方をかえると、電流の大きさや向きも変わるのではないか。

実験の視点を確かめる

検証方法
当てる光の強さやつなぎ方を変え、つないだものの様子を調べる。

授業の流れ ▷▷▷

1 光電池でつくった電気について予想を話し合い、実験の計画を立てる 〈10分〉

当てる光が強いほど、たくさんの電流が流れるはず

光の強さやプロペラの様子の違いを調べてみたいな

・光電池でつくる電気について話し合い、調べることを明らかにする。
・電流の大きさや向きを変えるにはどうすればよいかを予想し、確かめられる方法を考えながら仮説を立てる。
「当てる光の強さやつなぎ方と、つくられる電気にはどんな関係があるのでしょうか」
・実験の計画を立て、結果を予想する。

2 光電池を使って電気をつくり、つないだものの様子を調べる 〈15分〉

・豆電球の光り方やプロペラの回り方などに注目し、電流の大きさや向きとの関係を考えながら個人で実験し、結果を表にまとめる。
「つないだものの様子に注目しながら、光電池で電気をつくってみましょう」
・光の強さを変えるには、ライトを増やす、鏡の枚数を増やす、半透明のシートで覆うなどの方法が考えられる。

2 実験結果

> 表に整理し、つくられる電流の大きさや電流の向きとの関係を考える

	弱い光を当てる	強い光を当てる	反対につなぐ
豆電球			
発光ダイオード			
プロペラ			

> 乾電池の働きと比較して、予想と照らし合わせる

3 〈気付いたこと〉
・強い光を当てると、豆電球が明るく光り、プロペラも速く回転した。
・反対につなぐと、プロペラは逆に回り、発光ダイオードは光らなかった。

考察
・強い光を当てると、つくられる電流の大きさが大きくなる。
・つなぎ方をかえると、電流が反対の向きに流れる。

4 結論
光電池に強い光を当てると、流れる電流の大きさが大きくなり、つなぎ方を変えると、電流の向きも変わる。

> 仮説と照らし合わせる

手回し発電機や光電池でつくった電気は、電流の大きさや向きを変えることができる。

つくった電気をためておくことはできないのかな？

> 実際に蓄電できる実物を紹介することで、「電気はためられるのではないか」という見通しをもつ

---

3 実験の結果を発表し合い、結果を基に考察し、結論を出す 〈10分〉

光を当てたときだけ電流が流れているね

強い光を当てると、たくさんの電気がつくられているようだよ

・実験の結果や気付いたことを発表する。
・光り方や回り方が変わった理由について、当てた光の強さやつなぎ方と、電流の大きさと向きとを関係付ける考え方を働かせながら、個人で考察を書く。
「豆電球の光り方やプロペラの向きが変わった理由を書きましょう」
・考察を発表し合い、結論を出す。

4 手回し発電機や光電池でつくった電気の特徴をまとめる 〈10分〉

向きや大きさを変えられるのは便利だね

つくった電気をためておくことはできないのかな？

・電流の大きさや電流の流れる向きに着目しながら、手回し発電機と光電池でつくった電気の特徴をまとめる。
・電気をつくる活動における感想や気付きを発表し合い、蓄電への疑問や予想を話し合う。
・蓄電への予想や疑問が出ない時は、蓄電できる電化製品を実際に使用して、手回し発電機や光電池の働きと比較するとよい。

第④時

電気をためることのできる
仕組みについて話し合う

本時のねらい

・電気をためることのできる仕組みを理解し、コンデンサーにつないだ豆電球と発光ダイオードの光る時間の違いについて、問題を見いだすことができる。

本時の評価

・電気は、つくりだしたり蓄えたりすることができることを理解している。知①
・電気をためることのできる仕組みについて、問題を見いだし、表現している。（思①）

準備するもの

・センサー付きの街灯の写真 💿 00-00
・手回し発電機　　　・電子オルゴール
・コンデンサー　　　・モーター付プロペラ
・豆電球
・発光ダイオード

電気をためる仕組みはあるのかな？

1 →

つくった電気をためて使っている

〈電気をためることのできる電化製品〉
・ハンドル付き防災ラジオ
・スマートフォン
・充電式電池

| 電気をためる＝ちく電 |

コンデンサーを使う

授業の流れ ▷▷▷

1 電気をためる仕組みについて
話し合う　　　　　　〈10分〉

ハンドルを回していないときも使用できるね

昼につくった電気をためているのかな

・防災ラジオや光電池付きの道路表示板など、身近な製品の仕組みについて話し合う。

「ハンドルを回していない時や、夜でも使うことができるのはどうしてだろう」

・生活経験や既習の内容を想起しながら予想を発表し合い、蓄電に興味・関心をもつ。

※充電池、バッテリーなどに触れてもよい。ここでは安全のため、コンデンサーを使う。

2 コンデンサーに電気をためて、いろいろなものにつないで使う　〈15分〉

・乾電池や手回し発電機、光電池につないだときと比較しながらコンデンサーにためた電気を使う。気付いたことや疑問に思ったことをノートに記録しながら行う。

・つないだものの様子を比較しやすくするために、手回し発電機をコンデンサーにつなぎ、速さや回数を揃えて回す。

・コンデンサーのつなぎ方を確認する。

---

2 [活動2]　コンデンサーに電気をためて、使ってみよう。

> 回す速さと回す回数はそろえておく

3 【気付いたこと】
　・発光ダイオードや電子オルゴールは、つなぐ極が決まっていた。
　・豆電球は初めはとても明るくて、時間が経つと、だんだんと暗くなっていった。
　・発光ダイオードが長い時間光っていた。
　・つないだものによって、使える時間がちがっていた。

> 定量をためたのに、使用できる時間が違っていたことに疑問をもつ

4 【調べてみたいこと】
　・豆電球と発光ダイオードの光る時間のちがいはどれくらいか。
　・つないだものによって、使える時間がちがうのはどうしてなのか。
　・使われる電気の量はどれくらいなのか。

問題

> コンデンサーにつなぐものによって、ためた電気を使うことのできる時間がちがうのは
> どうしてだろうか。

---

3 ためた電気を使ってみて、
気が付いたことを話し合う〈10分〉

> 豆電球の光がだんだん弱くなっていったよ

> 発光ダイオードはとても長く光っていたよ

・気付いたことを発表し合い、つなぐものによって光り方や回り方が違っていたことを明らかにする。
・豆電球と発光ダイオードは、光る働きは同じでも、点灯時間が違うことに疑問をもつ。
「豆電球がすぐに消えて、発光ダイオードの方が長く光っていたのはどうしてだろう」
・ためた電気で光っていることを確かめる。

4 蓄電について解決していきたいことを
話し合い、問題を見いだす〈10分〉

> 電気の使われ方に違いがあるのかな？

> 回路を流れる電気の量を調べるにはどうしたらいいのかな？

「コンデンサーにためた電気について、何に着目して調べていくとよいですか」
・「使われる電気の量」に着目し、ためた電気とつないだものの使用時間を結び付けて予想しながら、蓄電について調べたいことをノートに書き、発表する。
・発表された意見の共通点から、実験・観察の視点を確かめ、問題を見いだす。

第⑤時

コンデンサーにためた電気の使われ方について調べる

本時のねらい

・蓄電について予想や仮説を基に計画を立てて実験し、点灯時間と使われる電気の量の関係を捉えることができる。

本時の評価

・コンデンサーにためた電気の使われ方について実験を行い、電気の量と働きとの関係、発電や蓄電、電気の変換について、より妥当な考えをつくりだし、表現している。思②

準備するもの

・手回し発電機　　　・コンデンサー
・豆電球　　　　　　・検流計
・発光ダイオード

問題

コンデンサーにつなぐものによって、ためた電気を使うことのできる時間がちがうのはどうしてだろう。

予想

・豆電球の光っている時間が短いのは、電気をたくさん使うからだと思う。
・それぞれの回路を流れる電流の大きさがちがっているはずだ。

仮説

つなぐものによって、使える時間がちがうのは、使われる電気の量がちがうからではないか。

検証方法

・コンデンサーに同じ量の電気をためて、点灯時間を比べる。
・回路を流れる電流の大きさを調べる。

> 実験の視点

授業の流れ ▷▷▷

1 予想や仮説を話し合い、
実験の計画を立てる　　〈10分〉

> 豆電球はたくさん電気を使っているのかな

> 電気を使う量に違いがあるのかな

「光る時間が違うのは、どんなことが理由だと思いますか」

・一定の回数、一定の速度で手回し発電機を回し、蓄電量が同じことから、「つなぐものによって電気の使われ方に違いがあるのではないか」という見方を働かせて、仮説を立てる。
・確かめられる方法を話し合い、実験の計画を立て、結果を予想する。

2 手回し発電機を使って電気をつくり、
つないだものの様子を調べる〈15分〉

「つないだものの様子に注目しながら、ためた電気を使って電流の大きさを調べましょう」

・点灯の様子、点灯時間、電流の大きさなどに注目して、グループで実験する。
・時間ごとに小さくなる豆電球の明るさの変化などの気付いたことも記録する。
・結果をグループで整理し、表にまとめる。電流の大きさはグラフ化することも考えられる。

2 実験結果

調べる時間	豆球電		発光ダイオード	
	電流の大きさ（A）	点灯の有無	電流の大きさ（A）	点灯の有無
秒後				
秒後				
秒後				

〔点灯時間と電流の大きさの関係を表から捉える〕

〔予想と照らし合わせる〕

〈気付いたこと〉
・豆電球は 45 秒で消えた。
・発光ダイオードは 2 分以上光っていた。
・豆電球の回路を流れる電流の大きさは、発光ダイオードの約 10 倍だった。
・発光ダイオードは電流の大きさがほとんど変わらなかった。

3 考察

・つなぐものによって使われる電気の量が違う。
・発光ダイオードは使われる電気の量が少なく、豆電球は使われる電気の量が多い。
↓
光る時間が長い→使われる電気の量が少ない
光る時間が短い→使われる電気の量が多い

〔仮説と照らし合わせる〕

4 結論

コンデンサーにつないだものによって、ためた電気を使うことのできる時間がちがうのは、つなぐものによって使う電気の量がちがうからだと考えられる。

豆電球や発光ダイオード…光　　電子オルゴール…音　　モーター…運動　　他には？

---

3 実験の結果を発表し合い、結果を基に考察する　〈10分〉

「回路を流れる電流の大きさがちがっていたよ」
「発光ダイオードの点灯時間が長いのは、使われる電気の量が少ないからだね」

・実験の結果や気付いたことを発表する。
「点灯時間や電流の大きさとつないだものの様子から、どんなことが言えますか」
・豆電球は電気の消費量が多いことと、発光ダイオードは電気の消費量が少ない上に長い時間光ることを確かめ、考察を個人で書く。
・考察をグループで話し合い、全体で発表する。

4 コンデンサーにためた電気と使える時間の関係をまとめ、結論を出す　〈10分〉

「発光ダイオードは少ない電流でも光り続けられるんだね」
「「LED は長持ちする」と CM で宣伝していたのを見たことがあるよ」

・仮説と結び付けながら、発表された考察内容を基に、個人で結論を書き、全体で整理する。
・これまでの学習を振り返り、つくった電気やためた電気をどんな働きに利用していたかを話し合う。
・他にどんな利用があるかを話し合い、次時への見通しをもつ。

第⑥時

熱への変換を調べる

本時のねらい

・電気の働きを利用した道具について進んで調べ、電気が熱に変換されていることを捉えることができる。

本時の評価

・電熱線に電気を流したときの事物・現象に進んで関わり、粘り強く、友達と交流しながら問題解決しようとしている。態①

準備するもの

・発熱する電化製品　　・スイッチ
・電源装置　　　　　　・白熱球
・みつろう　　　　　　・エジソン電球の資料
・わにぐちクリップ

問題

私たちは電気をどんな働きにかえて利用しているのだろうか。

1 〈これまでの学習から〉

豆電球 発光 ダイオード	電子 オルゴール	モーター 電磁石
光	音	運動

電気は熱にもかわるのかな？

2

電熱線という共通点に気付く

電熱線がある

予想・仮説

・オーブントースターやドライヤーのスイッチを入れると熱くなるのは、電熱線が発熱しているからではないか。
・電熱線に電流を流すと発熱するのではないか。

授業の流れ ▷▷▷

1 これまでの学習から、電気がどのように利用されていたか話し合う 〈5分〉

豆電球は触るとあたたかかったよ

電熱線に電気を流すと発熱するのかな？

「手回し発電機やコンデンサーにつないだものは電気をどんな働きに変えていましたか」

・生活の中で発熱する電化製品を想起したり、経験やショート回路で電池が熱くなったりした体験を話し合うなどして、熱にも変換されているのではないかという予想をもつ。

2 身近な電化製品の仕組みから、調べたいことを明らかにする 〈10分〉

電流を流すと電熱線は熱くなるはずだ

どんな方法で調べられるかな

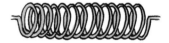

・電化製品の実物や写真から、熱を利用する電化製品には、電熱線があることに気付く。

・確かめられる方法をグループで検討し、実験の計画を立て、全体に発表する。

・みつろうの溶ける時間、電熱線を入れた水温の変化を測る、サーモインクを浸した紙の変化を見るなどの方法が考えられる。

※電熱線の太さによる発熱の違いは扱わない。

3 実験結果

> みつろうの溶ける様子を記録する

	1班	2班	3班	4班	5班
方法	みつろうの溶ける時間	電熱線を入れた水温の変化	サーモインクをひたした紙の変化	電熱線内蔵の液しょう温度計の変化	発ぽうポリスチレンの切れる時間
結果	10秒経ったら、みつろうが切れた。	電流を流したら、水温が2℃上がった。	電熱線のところだけ、サーモインクが変化した。	液晶温度計が2℃上がった。	10秒経ったら、発ぽうプリスチレンが切れた。

考察　・電熱線に電流を流すと発熱する。

結論　私たちは電気を熱に変かんして利用している

4　・豆電球は、熱と光の2つの
　　働きに変かんしている。

> 既習の内容を生かして振り返る

発光ダイオードは熱への変かんがないので、使う電気の量が
少なかったと考えられる。

その他の電化製品でも電気の働きが利用されているのかな？

---

3 電熱線に電流を流して実験し、結果を整理して考察する〈15分〉

> やっぱり、電流を流すと発熱したよ

> 電気は熱の働きに変換できるんだね

・班ごとに計画した実験を行う。
・「電気は熱に変わるのか」という視点で原因と結果を整理する。
「電流を流した電熱線の様子とそれぞれの実験結果から、どんなことが言えますか」
・電流の大きさとみつろうが溶けた時間とを関係付けながら考察し、個人でノートにまとめて、発表する。

4 結論を出し、既習事項に当てはめて話し合う〈15分〉

> 豆電球があたたかかったのは、電気を光の他に熱にも変換しているからだね

> 豆電球が電気を多く使うのは、2つの働きに変換しているからだね

・発表を基に、熱への変換の結論を出す。
「豆電球は電気をどんな働きに変換して利用していたと言えますか」
・豆電球を触るとあたたかかった体験と本時の学習を結び付けて、豆電球は電気を熱と光の2つに変換して利用していることを捉える。
・教師からエジソン電球の話を聞く。
・発光ダイオードの効率のよさを話し合う。

第⑦時

身の回りの電化製品について調べる

本時のねらい

・電気の働きを利用した道具を調べ、電気は光、音、熱、運動に変換できることを捉えることができる。

本時の評価

・電気は、光、音、熱、運動などに変換することができることを理解している。知②
・身の回りには、電気の性質や働きを利用した道具があることを理解している。知③

準備するもの

・ライトなど、電気を光に変換する道具
・音楽プレイヤーなど、電気を音に変換する道具
・サーキュレーターなど、電気を運動に変換する道具
・アイロンなど、電気を熱に変換する道具

問題

私たちは、電気をどんな働きに変かんして利用しているのだろうか。

1 〈これまでの学習から〉

豆電球	電子オルゴール	電熱線	モーター
光・熱	音	熱	運動

調べ学習の視点

予想
・身近な道具も電気をいろいろな働きに変かんして利用しているのではないか。
・豆電球のように2つ以上の働きに変かんしているものもあるではないか。

2 身の回りの電気を利用した道具調べ

	光に変かん	音に変かん	熱に変かん	運動に変かん
電化製品	卓上ライト パソコン テレビ	スマートフォン テレビ ラジオ 音楽プレイヤー	ドライヤー 電磁調理器 アイロン	洗たく機 そうじ機 ドライヤー
共通点	明るくする 文字や映像を写す	音楽や音声を流す	温める（調理する）	回転する

3-1

授業の流れ ▷▷▷

1 既習の内容から、電気がどんな働きに変換されていたか話し合う 〈5分〉

> 熱に変換していることを新たに学んだね

> 身の回りにも電気の働きを利用した電化製品があると思う

・既習事項を確認する。
「身近な電化製品でも同じように電気の働きを利用している道具はあるでしょうか」
・グループやペアで身近な道具を発表し合い、調べてみたいという興味や関心を高める。
・予想を出し合い、「光、音、熱、運動への変換」と、「2つ以上の変換はないか」という実験の視点を明らかにする。

2 身近な電化製品を分類する 〈15分〉

> テレビは光っている上に、音も出しているね

> 複雑な電化製品にはたくさんの働きがあるみたいだ

・個人で表に電化製品を分類する。
・グループで調べた内容を共有する。また、校内から実際に持ち寄ることのできるものを探してきて、黒板前に展示する。
・実際に道具に触れたり、道具の働きを確かめ合ったりしながら、分類していく。
※熱の発生する道具の扱いに気を付ける。
・調べて気が付いたことをノートにまとめる。

3-2

> 2つ以上に変換しているものを取り上げる

光、音　　　　　　　熱、運動　　　　　　光、音、運動

考察

・生活に欠かせない電化製品が多かった。
・2つ以上の働きに変かんして利用している電化製品があった。
・使う目的に合わせて、電気をいろいろな働きに変かんして利用している
　ことが分かった。

結論

私たちは、電気を光、音、熱、運動などの働きに変かんして利用している。

4 パソコン
スマートフォン

> 時間が経つと画面が暗くなるのは
> なぜだろう？

---

3 結果を整理して考察し、
結論を出す　　　　　〈20分〉

> ドライヤーにはモーターも
> 電熱線あるから、熱と運動
> に変換しているんだね

> 2つの変換に
> 当てはまる電化
> 製品があるよ

・全体で、分類した道具の共通点について、電
気の働きに着目しながら話し合い、表にまと
める。　　　　　　　　　　**3-1**
・2つに変換しているものの働きについて話
し合い、他にも2つ以上のものに変換してい
るものがないか、意見を出し合う。　**3-2**
・予想、結果、気付いたことを基に考察を個人
で書き、全体で結論を出す。

4 次時へ見通しをもつ　　〈5分〉

> 使っていない時は、電気
> を無駄にしないようにし
> ているのかな？

> 操作していない
> と画面が暗く
> なったよ

・教師が提示したパソコンやスマートフォンの
省電力機能による画面が暗くなったり、自動
で電源が落ちたりする様子を観察し、どんな
目的のための機能なのかを話し合う。
「電化製品に、このような機能があるのはなぜ
でしょう」
・自分の生活や経験の中から根拠のある予想を
発想し、次時への興味・関心をもつ。

第 ⑧ ／ ⑨ 時

プログラミングを体験する

本時のねらい

・プログラミングを通して、電気を効率よく使うための工夫を捉えることができる。

本時の評価

・電気の性質や働きについて学んだことをプログラミングに生かし、電気を効率よく使うための工夫をしようとしている。（態②）

準備するもの

・プログラムで制御されている製品の写真や映像
・コンピュータ（タブレット型端末）
・センサーを使った道具の写真や映像

1 | 問題　電気を有効に利用するためにどんな工夫があるのだろう。

予想
・玄関の照明は、人が近付いたときだけ光って、時間が経つと消えるような特別な仕組みがあるのではないか。
・エアコンは温度を感じて、風の強さを変えているのではないか。
・公園の街灯は暗くなると自動的に光るように、AI やコンピュータで命令しているのではないか。

授業の流れ ▷▷▷

1 写真を見て気付いたことを話し合い、問題を見いだす〈10分〉

> 操作しなくても自動で動くのはなぜかな？

> 人の動きを感じ取って、スイッチが入るのかな？

・人感センサー付きライト、温度センサー付きエアコン、照度センサー付き街灯などの写真を見ながら、問題を見いだす。

「身の回りで同じような仕組みで動くものはありますか」

・グループやペアで自由に意見を出し合う。
・電気を有効に利用するための仕組みについて予想し、話し合う。

2 プログラミングを体験する〈45分〉

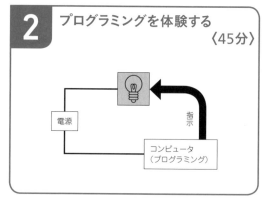

・写真資料、または映像資料からプログラムの仕組みを捉える。

「コンピュータを使って、簡単なプログラムをつくってみましょう」

・プログラミングソフト、プログラミング体験用の Web サイト、各教科書で扱っているプログラミング用の教材などを使用する。
・発光ダイオードなど実物を用いてもよい。

| プログラム…コンピュータに |
| 指示を出す |
| 仕組み |

2 プログラムをつくろう

> 入力のイメージを
> もつ

例：1回点めつする
　　プログラム

例：近付いたら点灯し、
　　離れると消灯する
　　プログラム

3 〈つくってみた感想〉
・かんたんにプログラムをつくることができた。
・入力したとおりに正確に動いていた。
・工夫すれば、複雑なプログラムもつくることができそうだ。
・次は電気の節約につながるプログラムをつくってみたいと
　思った。

| センサー |
| 動き、温度、明るさなどを感知 |
| する仕組み。 |
| プログラムで制御されている。 |
| （人感センサー、温度センサー、 |
| 明るさセンサーなど） |

4 利用する目的

> 電気の有効利用の視点で話し合う

・消し忘れても、電気がむだにならないようにしている。
・災害の時に役に立つと思う。
・私たちの生活をより便利にするために使っている。
・電気を大切に使うために利用している。

結論

| 電気を有効に利用するために、プログラムやセンサーを |
| 使って制御している。 |

---

3 つくったプログラムを友達と共有し、
感想や気付いたことを話し合う〈25分〉

> プログラムを簡単に
> つくることができたよ

> 入力したとおりに
> 正確に動いたよ

・つくったプログラムを紹介したり、友達と一
　緒に操作したりしながら、感想を伝え合う。
・写真資料や映像資料から、センサーがプログ
　ラムによって制御されていることを捉える。
「なぜ、身近な電化製品には、プログラムやセ
ンサーが利用されているのでしょうか」
・「エネルギー有効利用」の視点から、プログ
　ラムを利用する目的を考えてノートに書く。

4 プログラムを利用する目的について
話し合い、結論をまとめる〈10分〉

> 電気を大切に使うため
> のプログラムなんだね

・センサーやプログラムを利用する目的を発表
　し合い、全体で結論を出す。
・生活の中から、プログラムやセンサーを見つ
　けて発表する。自分の生活と密接にかかわっ
　ていることに気付く。
「身の回りにはどんなプログラムやセンサーを
使ったものがありますか」

第⑩／⑪時

既習の内容を生かした
ものづくりを行う

(本時のねらい)
・電気の働きを活用したものづくりを行い、単元の内容を振り返ることができる。

(本時の評価)
・電気の性質や働きについて学んだことをものづくりに生かそうとしている。態②

(準備するもの)
・信号機、国際宇宙ステーションなどの写真
・発光ダイオード
・コンデンサー
・センサー
・光電池
・モーター
・ものづくりに必要な材料

電気の働きをふり返ろう。

1

ちがいは？

A班 電球型は電気を熱と光に変換し、発光ダイオード型は光だけに変換している。

B班 発光ダイオード型と電球型では、使われる電気の量がちがう。

C班 発光ダイオード型は長時間光るので、電球型より交かんの手間がかからない。

2

電気の働きを生かしてつくろう。

・自然のエネルギーで発電、ちく電できるもの
・センサーやプログラムで、電気を制御して使えるもの

(授業の流れ) ▷▷▷

1 電気の働きを生かした身の回りのものの仕組みを考える 〈10分〉

ちがいは？　理由は？　働きは？

・写真から課題を１つ選択し、電気の働きやエネルギーの有効利用の視点で、自分の考えをノートにまとめる。

「学んできた電気の働きがどのように生かされているのか、理由を付けて書きましょう」

・同じ写真を選んだ友達とグループになり、ホワイトボードに意見をまとめて、発表し合う。

・生活の中で役立てられていることを捉える。

2 電気の働きを生かしたものづくりの計画を立て、製作する 〈45分〉

・製作の視点を確かめ、電気のどんな働きを生かしたものづくりをするかを考えて設計する。

・太陽光や風を利用した発電・蓄電できる作品や、センサーを使って発光ダイオードの点灯やモーターの回転を制御する作品などが考えられる。

・グループで取り組ませてもよい。

理由は？

働きは？

| D班 | 宇宙では物を燃やして電気をつくれないから光電池を使っていると思う。 |
| E班 | 自然のエネルギーで発電できるし、二酸化炭素も発生しないから。 |

| G班 | 電気代がかからない上に、熱を出さないので、環境に優しい。 |
| H班 | プログラムを使って様々な映像をくりかえし流すことができる。 |

| F班 | 太陽光はなくなることはないし、光があれば発電できるから。 |

4 ふり返り

- モーターの軸を回すと電気をつくることができるのにおどろいた。
- 電気の働きで便利な生活ができていることが分かった。
- プログラムやセンサーが生活の中にたくさん使われていることが分かった。
- 日頃から電気を大切に使っていきたいと思った。

---

3 作ったものを交流する 〈20分〉

センサーを使って、電気をコントロールしてるのがすごいな

自然とエネルギーを電気としてためられるんだね

- 学級を半分に分け、交互にプレゼンテーションを行う。

「友達の作品は、電気の働きのどんなよさを生かして作られているでしょうか」

- 発表を聞く時には、計画する時に確かめた視点に沿って聞くようにする。
- 発表が終わった後は感想や友達のアイデアのよいところを伝え合う。

4 単元の振り返りを書き、伝え合う 〈15分〉

便利な生活ができるのは、電気の働きを生かしているからなんだね

これからはもっと電気を大切に使っていきたいな

- 自分の生活と関連させたり、学習する前の自分の考えと比較したりしながら、単元の感想を個人でノートに書く。
- 感想を伝え合い、学んだことを振り返る。
- 電気を大切に使うことや、電気の働きによって豊かな生活を送っていることを実感して単元を終える。

5 人の体のつくりと働き　B (1)　16時間扱い

単元の目標

　体のつくりと呼吸、消化、排出及び循環の働きに着目して、生命を維持する働きを多面的に調べる活動を通して、人や他の動物の体のつくりと働きについての理解を図り、観察、実験などに関する技能を身に付けるとともに、主により妥当な考えをつくりだす力や生命を尊重する態度、主体的に問題解決しようとする態度を育成する。

評価規準

知識・技能	思考・判断・表現	主体的に学習に取り組む態度
①体内に酸素が取り入れられ、体外に二酸化炭素などが出されていることを理解している。 ②食べ物は、口、胃、腸などを通る間に消化、吸収され、吸収されなかった物は排出されることを理解している。 ③血液は、心臓の働きで体内を巡り、養分、酸素及び二酸化炭素などを運んでいることを理解している。 ④体内には、生命活動を維持するための様々な臓器があることを理解している。 ⑤人や他の動物の体のつくりと働きについて、観察、実験などの目的に応じて、器具や機器などを選択し、正しく扱いながら調べ、それらの過程や得られた結果を適切に記録している。	①人や他の動物の体のつくりと働きについて、問題を見いだし、予想や仮説を基に、解決の方法を発想し、表現するなどして問題解決している。 ②人や他の動物の体のつくりと働きについて、観察、実験などを行い、体のつくりと呼吸、消化、排出及び循環の働きについて、より妥当な考えをつくりだし、表現するなどして問題解決している。	①人や他の動物の体のつくりと働きについての事物・現象に進んで関わり、粘り強く、他者と関わりながら問題解決しようとしている。 ②人や他の動物の体のつくりと働きについて学んだことを学習や生活に生かそうとしている。

単元の概要

　第1次では消化、第2次では呼吸、第3次では血液の流れによる排出及び循環について、それぞれの働きに着目し、生命を維持する働きについて多面的に調べる。

　さらに、第4次では、血液の流れを関係付けながら、体の各部分のつながりを捉え、人の体のつくりと働きについてまとめる。

指導のポイント

(1)本単元で働かせる「見方・考え方」

　本単元は、「生命」を柱とする領域である。体のつくりと呼吸、消化、排出及び循環の働きについて、主に「共通性・多様性」の見方を働かせながら理解を図りたい。また、生命を維持する働きを多

面的に調べる活動を通して、第6学年で重視される「多面的に考える」という考え方を働かせて、問題を追究していくことができるようにする。

⑵本単元における「主体的・対話的で深い学び」

　第6学年では、問題解決の力として、主に「より妥当な考えをつくりだす力」の育成を重視している。そのため、人である「自分自身」と他の動物とを比較する場を学習の中に位置付け、「共通性・多様性」の見方を働かせながら、生命を維持する働きを多面的に調べる場を設定する。また「生命を尊重する態度」や「主体的に問題を解決しようとする態度」の育成につながるよう、生命維持に欠かせない「消化」や「呼吸」等の営みについて、できる限り実物を通して科学的に検証する場を設定する。

指導計画（全16時間） 詳細の指導計画は 💿 05-01参照

次	時	主な学習活動	評価
1	1	○人や他の動物が生きていくために必要な営みについて話し合い、問題を見いだす。	(思①)
	2	○食べ物が体の中でどのように取り入れられるかを予想し、検証計画を立てる。	(思①)
	3	**実験1** 唾液による消化実験を行う。	(知⑤)
	4	**資料調べ1** 食べ物の通り道をたどり、消化管の各部分の名前や位置、働きを調べる。	(知⑤)
	5・6	○資料調べから得られた情報を伝え合う。 ○実験結果や得られた情報を基に考察し、結論付ける。 ○他の動物について調べる。	知②
2	7	○「吸う空気」と「吐き出した空気」の違いを予想し、検証計画を立てる。	思①
	8	**実験2** 吸気と呼気の成分の違いを調べる実験を行う。 ○実験結果を基に考察し、結論付ける。	知⑤
	9・10	○酸素、二酸化炭素の体内での交換について予想し、検証計画を立てる。 **資料調べ2** 人の息の出し入れについて調べる。 ○資料調べから得られた情報を伝え合う。 ○得られた情報を基に考察し、結論付ける。○他の動物について調べる。	知①
3	11・12	○血液の流れと働きについて予想し、検証計画を立てる。 **観察** 心臓の拍動、1分間の脈拍数を数える。 **資料調べ3** 血液の流れと働きについて調べる。 ○観察結果や得られた情報を基に考察し、結論付ける。 ○他の動物について調べる。	知③
	13・14	○体内でできた不要な物の行方について予想し、検証計画を立てる。 **資料調べ4** 腎臓について調べる。 ○得られた情報を基に考察し、結論付ける。○他の動物について調べる。	思②
4	15	○体の各部分はどのようにつながっているのかについて予想する。 **まとめ** 血液の流れを関連付けながら、体の各部分のつながりをまとめる。 ○体の各部分のつながりについて、血液の流れと関連付けながら結論付ける。	知④・態①
	16	○学習を振り返り、人や他の動物の体のつくりと働きについてまとめる。	態②

第①時

人や他の動物が生きていくために必要な営みについて話し合い、問題を見いだす

本時のねらい
・人や他の動物の体のつくりと働きに目を向け、単元を通して追究する問題を見いだすことができる。

本時の評価
・人や他の動物の体のつくりと働きについて、問題を見いだし、表現している。(思①)

準備するもの
・人や他の動物が食べている様子、呼吸している様子が分かる写真
・白紙の概念図(板書用)
・白紙の概念図(子ども用)
・見いだした問題を記述する用紙(A4の半分サイズ)

1

人が生きていくために必要な営みとは？

「食べること」　　　「呼吸すること」

食べ物を食べて、栄養を取り入れている。
食べ物は便となって体外に出されている。
飲んだ水が汗やにょうとなって体外に出されている。
息を吸って、はき出している。

人も他の動物も同じ…？！

授業の流れ ▷▷▷

1 人が生きていくために必要な営みについて話し合う 〈8分〉

食べるの大好き！　　　呼吸ってなんだろう

・人が食べている様子、呼吸している様子の写真を基に話し合い、「食べること」「呼吸すること」について目を向ける。

「人以外の他の動物も生きていく営みをしていますね。人も他の動物も同じなのでしょうか」

2 「食べること」「呼吸すること」に関する差異点と共通点に着目しながら、概念図をかく 〈10分〉

・人の体のつくりと働きについてより深く目を向けることができるよう、生活経験や既習の内容を基に、人と他の動物との差異点と共通点を概念図に表す。

・人と他の動物の体のつくりと働きについて、「共通性・多様性」の見方を働かせる。

「人と他の動物とちがうところ、同じところを考えて、概念図に表してみましょう」

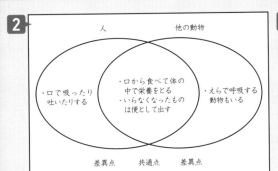

2

人　　　　　他の動物

・口で吸ったり吐いたりする　｜　・口から食べて体の中で栄養をとる ・いらなくなったものは便として出す　｜　・えらで呼吸する動物もいる

差異点　共通点　差異点

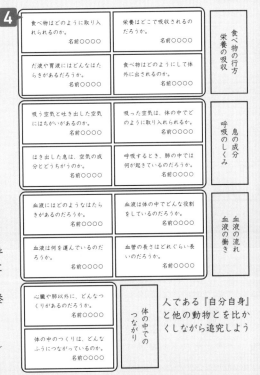

4

食べ物の行方 栄養の吸収	
食べ物はどのように取り入れられるのか。 名前○○○○	栄養はどこで吸収されるのだろうか。 名前○○○○
だ液や胃液にはどんなはたらきがあるだろうか。 名前○○○○	食べ物はどのようにして体外に出されるのか。 名前○○○○

息の成分 呼吸のしくみ	
吸う空気と吐き出した空気にはちがいがあるのか。 名前○○○○	吸った空気は、体の中でどのように取り入れられるか。 名前○○○○
はき出した息は、空気の成分とどうちがうのか。 名前○○○○	呼吸するとき、肺の中では何が起きているのだろうか。 名前○○○○

血液の流れ 血液の働き	
血液にはどのようなはたらきがあるのだろうか。 名前○○○○	血液は体の中でどんな役割をしているのだろうか。 名前○○○○
血液は何を運んでいるのだろうか。 名前○○○○	血管の長さはどれぐらい長いのだろうか。 名前○○○○

体の中でのつながり	
心臓や肺以外に、どんなつくりがあるのだろうか。 名前○○○○	体の中でのつながり
体の中のつくりは、どんなふうにつながっているのか。 名前○○○○	人である『自分自身』と他の動物とを比かくしながら追究しよう

3 疑問に思ったこと、調べてみたいこと

・人も他の動物も生きていくために食べたり呼吸したりしているけれど、同じ体のつくりになっているのかな。
・人も他の動物も、どのように食べ物から栄養を取り入れているのかな。
・呼吸の仕方にちがいがありそう。
・「呼吸する」には、どんな体のつくりが関係しているのか。

3 疑問に思ったこと、調べてみたいことを基に、問題を見いだす 〈12分〉

・一人一人が概念図にかいたことを出し合う。
「人と他の動物でちがうところ、同じところがあるようですね。ここから疑問に思ったこと、調べてみたいことを書きましょう」
・一人一人が見いだした問題を、A4半分サイズの白紙に記述する。

4 見いだした問題を分類し、共有する 〈15分〉

・一人一人が見いだした問題を黒板に貼り、分類する。
「問題が同じもの同士で仲間分けしましょう」
・黒板上で分類した後、全体で追究する問題を共有する。
「人である『自分自身』を中心に、問題解決していきましょう。また、他の動物と比較しながら、学習を進めていきましょう」

第 ②時

食べ物が体の中でどのように取り入れられるかを予想し、検証計画を立てる

本時のねらい
・口の中における食べ物の変化に着目する活動を通して、食べ物の体内での取り入れられ方に目を向け、解決の方法を発想することができる。

本時の評価
・消化について見いだした問題について、予想や仮説を基に、解決の方法を発想し、表現している。（思①）

準備するもの
・ご飯一口分（学級の人数分）
・アルミニウム箔のカップ（学級の人数分）
・取り分け用のお箸、もしくはスプーン等
・お箸（子供がそれぞれ準備する）
・人体図（口から肛門にかけては、見えないようにしておく）💿05-02

| 問題 | 食べ物は、どのように体の中に取り入れられるのだろうか。 |

1 ご飯一口をできるだけ長くかむと？！

変化
・かんでいるとご飯の粒が小さくなった。
・長くかんでいると水分が多くなってきた。
・ご飯を長くかんでいると甘くなってきた。

予想 **2**

・口の中で、何か別のものに変化してから体の中に取り入れられていると思う。
・口の中にはだ液があるから、ご飯が甘くなったことに関係していると思う。

・食べ物を食べた後、胃がふくらんだり、腸がぐるぐるいったりするから、胃や腸で取り入れられると思う。
・気分が悪いとき、すっぱい液が出たことがある。それが胃液って聞いたことあるから、何か関係していると思う。

授業の流れ ▷▷▷

1 ご飯一口を長く噛み、口の中での変化について話し合い、問題を把握する〈10分〉

・口の中における食べ物の変化に着目し、噛みはじめと長く噛んだ後とを比較する。
「ご飯一口をできるだけ長く噛んでみると、食べ物は口の中でどのように変化しましたか」
・口の中における食べ物の変化への気付きをきっかけとし、食べ物が体の中でどのように取り入れられるかについてイメージを広げ、追究内容を把握する。

2 活動から得られた情報や生活経験、既習の内容を基に予想し、発表する〈10分〉

・まずは、活動から得られた情報、既習の内容や生活経験を基に予想し、ノートに記述する。
「食べ物は口で取り入れた後、体の中でどのように変化し、取り入れられるのか、理由も付けて予想しましょう」

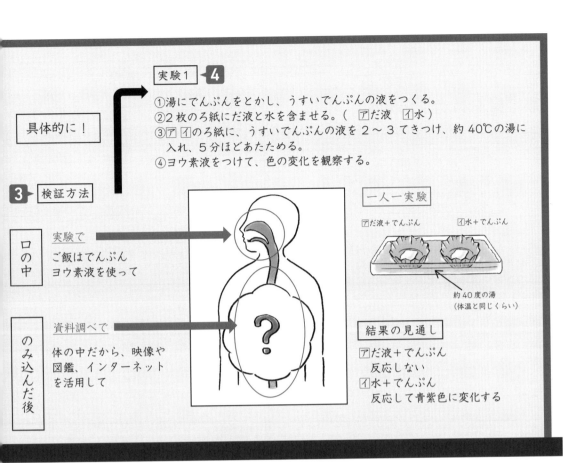

実験1 4

①湯にでんぷんをとかし、うすいでんぷんの液をつくる。
②2枚のろ紙にだ液と水を含ませる。（ ⑦だ液　⑦水 ）
③⑦⑦のろ紙に、うすいでんぷんの液を2〜3てきつけ、約40℃の湯に入れ、5分ほどあたためる。
④ヨウ素液をつけて、色の変化を観察する。

具体的に！

3 検証方法

口の中

実験で
ご飯はでんぷん
ヨウ素液を使って

のみ込んだ後

資料調べで
体の中だから、映像や図鑑、インターネットを活用して

?

一人一実験

⑦だ液+でんぷん　　⑦水+でんぷん

約40度の湯
（体温と同じくらい）

結果の見通し

⑦だ液+でんぷん
　反応しない
⑦水+でんぷん
　反応して青紫色に変化する

---

3 予想を確かめるための
方法を考える　　〈5分〉

・食べ物が体の中でどのように取り入れられるかについて、確かめる方法を考える。

「食べ物が体の中でどのように取り入れられるか、調べる方法を考えましょう」

・口の中における変化について確かめる方法と、食べ物を飲み込んだ後について確かめる方法と、2種類の方法を考える。

4 確かめる方法を共有し、
結果を見通す　　〈20分〉

・確かめる方法を全体で共有する。

「実験方法を具体的に考えましょう」

・人の口の中と同じ条件に近付けることに目を向けられるよう言葉がけする。

・全体で共有した方法で調べた場合、予想が確かめられたときの結果を見通す。

「自分の予想が確かめられたときのヨウ素液の反応について考えてみましょう」

第③時

だ液による消化実験を行い、実験結果を共有する

本時のねらい

- 前時に共有した実験方法を用いてだ液による消化実験に取り組み、それらの過程や得られた結果を適切に記録することができる。

本時の評価

- だ液による消化を調べるために、器具や機器などを選択して、正しく扱いながら調べ、それらの過程や得られた結果を適切に記録している。（知⑤）

準備するもの

- 前時の板書、準備するものの掲示物
- 実験結果を記入する表
- でんぷん　・ガラス棒　・ヨウ素液
- ビーカー　・保護眼鏡　・ビニルテープ
- ポット　　・ろ紙　　　・アルミ箔のカップ
- 熱湯　　　・スポイト　・薬さじ
- プラスチックの容器　・温度計　・ぬれ雑巾

| 問題 | 食べ物は、どのように体の中に取り入れられるのだろうか。 |

1 予想
- 口の中で、何か別のものに変化してから体の中に取り入れられていると思う。
- 口の中にはだ液があるから、ご飯が甘くなったことに関係していると思う。

実験1 一人一実験　　⑦だ液＋でんぷん　⑦水＋でんぷん

①湯にでんぷんをとかし、うすいでんぷんの液をつくる。
②2枚のろ紙にだ液と水を含ませる。（⑦だ液 ⑦水）
③⑦⑦のろ紙に、うすいでんぷんの液を2～3てきつけ、約40℃の湯に入れ、5分ほどあたためる。
④ヨウ素液をつけて、色の変化を観察する。

約40度の湯（体温と同じくらい）

結果の見通し

⑦だ液＋でんぷん
反応しない
⑦水＋でんぷん
反応して青紫色に変化する

2　模造紙を貼る

〈準備するもの〉

でんぷん（小さじ1杯）	ろ紙（2枚×人数分）	プラスチック容器（1つ）
ビーカー（100mL）	スポイト（1本）	
熱湯（50mL）	温度計（1本）	ぬれぞうきん（1枚）
薬さじ（1本）	ヨウ素液（1びん）	
ガラス棒（1本）	ビニルテープ（1つ）	
保護眼鏡（人数分）	アルミニウムはくカップ（2枚×人数分）	

授業の流れ ▷▷▷

1 前時に共有した実験方法、それぞれが立てた予想と結果の見通しを確認する 〈5分〉

- 前時に共有した実験方法、それぞれが立てた予想と結果の見通しを確認するため、前時の板書を記録した掲示物を見る。

「前の時間にみんなで一緒に考えた実験方法を確認しましょう」
「自分が立てた予想と結果の見通しについても確認しましょう」

2 実験準備をする 〈10分〉

- 班で役割分担し、実験を行うために必要な器具や機器を準備する。

「班で準備するもの、一人一人が準備するものがありますね。班のみんなで協力して、実験に必要なものをすべて準備しましょう」
「自分の実験結果が分かるよう、ビニルテープに⑦（だ液＋でんぷん）、⑦（水＋でんぷん）の表示と、名前を書くようにしましょう」

3　実験結果　　　　　　模造紙に書き込んでいく

	名　前	ア	イ
1	○○　○○	変化なし	青紫色に変化
2	○○　○○	変化なし	青紫色に変化
3	○○　○○	変化なし	青紫色に変化
4	○○　○○	変化なし	青紫色に変化
5	○○　○○	変化なし	青紫色に変化
6	○○　○○	変化なし	青紫色に変化
7	○○　○○	変化なし	青紫色に変化
8	○○　○○	変化なし	青紫色に変化
9	○○　○○	変化なし	青紫色に変化
10	○○　○○	変化なし	青紫色に変化
11	○○　○○	変化なし	青紫色に変化
12	○○　○○	変化なし	青紫色に変化
13	○○　○○	変化なし	青紫色に変化
14	○○　○○	変化なし	青紫色に変化

4　〈実験結果からわかること〉

・アのだ液＋でんぷんの方は、ヨウ素液の色が変化しなかった。

・イの水＋でんぷんの方は、ヨウ素液がでんぷんに反応して、青紫色に変化した。

・実験の結果から、だ液はでんぷんを別のものに変化させていることがわかる。

・食べ物はでんぷんだけではない。肉や魚、野菜などは、どこでどのように変化して、体の中に取り入れられているのかな。

3　一人一実験の形態で実験に取り組み、結果を記録する　〈20分〉

・一人一人実験に取り組む。

「実験結果をしっかり得ることができるように、十分な量のだ液をろ紙に含ませるようにしましょう」

・実験終了後、結果をノートに記録する。

・一人一人の結果を、自分で黒板に記述する。

「一人一人の実験結果が大切です。ノートにも黒板にも丁寧に書くようにしましょう」

4　全体で実験結果を共有し、実験結果から分かることについて話し合う　〈10分〉

・一人一人の実験結果を分析し、結果から分かることについて、まずは個人で考えをまとめノートに記述する。

・個人の考えを出し合い、実験結果から分かることについて話し合う。

「全員の実験結果から、だ液にはどのような働きがあると言えますか」

第④時

食べ物の通り道をたどり、消化管の各部分の名前や位置、働きを調べる

本時のねらい
・食べ物の通り道をたどり、消化管の各部分の名前や位置、働きについて、コンピューターや図鑑などを用いて調べ、得られた情報を適切にまとめることができる。

本時の評価
・消化管の各部分の名前や位置、働きについて、コンピューターや図鑑などを選択して、正しく扱いながら調べ、得られた情報を適切にまとめている。(知⑤)

準備するもの
・ビデオ　　・人体模型（写真）
・DVD　　　・図鑑
・人体図（口から肛門にかけては、見えないようにしておく） 05-02
・第2時に共有した予想の掲示物

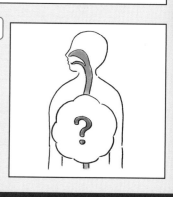

問題　食べ物は、どのように体の中に取り入れられるのだろうか。

1

予想
・食べ物を食べた後、胃がふくらんだり、腸がぐるぐるいったりするから、胃や腸で取り入れられると思う。
・気分が悪いとき、すっぱい液が出たことがある。それが胃液って聞いたことあるから、何か関係していると思う。

↑ 模造紙を貼る

授業の流れ ▷▷▷

1 資料調べの方法を確認し、活動の見通しをもつ　〈2分〉

・資料調べの方法や場所を確認し、活動の見通しをもつ。
「食べ物が体の中をどのようにたどり、取り入れられるのか、コンピューターや図鑑などを用いて、できる限り詳しく調べましょう」
「ただ文字や絵を写すだけではなく、自分がよく分かるなと思ったところを、しっかり書き残すようにしましょう」

2 コンピューターやビデオ、DVDを用いて調べる　〈18分〉

・コンピューターやビデオ、DVDなど、視聴覚機器を用いて調べ、分かったことをノートに記述する。
「コンピューターで調べる場合は、検索ワードをできるだけ短くして入力しましょう」
・おすすめの情報源について伝え合う。
「交代する前に、おすすめのサイトや本を紹介しましょう」

---

2 資料調べ1 15分ずつで交代！と中でおすすめしょうかいタイム！

3 パソコン、ビデオ、DVDを使って　　　　　人体模型や図鑑を使って

〈検索ワード〉
・食べ物　通り道　　・大腸
・胃液のはたらき　　・小腸
・消化　吸収　　　　　　　　など

〈おすすめのサイト〉
「人体のふしぎ」http://www.…（〇〇さん）

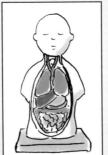

〈人体模型〉
食べ物の通り道をたどって

〈おすすめの本〉
・『人体図鑑』　　　　（〇〇さん）
・『体のふしぎ発見』（〇〇さん）

4 次の学習で…
伝えたい内容
なるほど、すごいなと思った内容など、調べたことを整理しよう

---

3 人体模型や図鑑を用いて
調べる　　　　　　　〈15分〉

・人体模型や図鑑などを用いて調べ、分かった
　ことをノートに記述する。
「人体模型や図鑑を用いて調べる場合は、各部
　分の名前や位置に気を付けて、書き写すように
　しましょう」
※**2**と**3**は学級の半数ずつで取り組み、交代す
　る。交代の際、調べる中で分かりやすかった情
　報源について、伝え合う場をもつようにする。

4 次時に情報を伝え合うために、ノート
に記述した内容を整理する　〈10分〉

・資料調べを通して得られた情報の中から、次
　時で伝えたい内容を整理する。
「資料調べに取り組んだ中から、友達に伝えた
　いと思う内容、自分がなるほど、すごいなと
　思った内容を整理しましょう」

第⑤／⑥時

実験結果や得られた情報を基に結論付け、他の動物についても調べる

本時のねらい
・資料調べ1で得られた情報を伝え合い、実験1の結果と合わせて、問題にする結論を導きだすとともに、他の動物についても調べることができる。

本時の評価
・食べ物は、口、胃、腸などを通る間に消化、吸収され、吸収されなかった物は排出されることを理解している。知②

準備するもの
・消化や吸収に関係するつくりの拡大図
・他の動物の消化管が分かる拡大図
　（イヌやフナなど）
・映像や資料
　（子供たちが調べている状況に応じて）

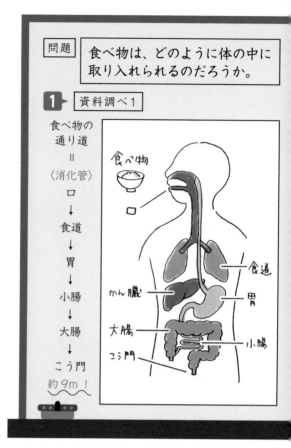

問題 食べ物は、どのように体の中に取り入れられるのだろうか。

1 資料調べ1

食べ物の通り道＝〈消化管〉
口
↓
食道
↓
胃
↓
小腸
↓
大腸
↓
こう門

約9m！

授業の流れ ▷▷▷

1 前時の資料調べから得られた情報を伝え合う　〈30分〉

・前時に取り組んだ資料調べ1で得られた情報について伝え合う。

「資料調べに取り組んだ中から、友達に伝えたいと思う内容、自分がなるほど、すごいなと思った内容を伝え合いましょう」

2 食べ物が体の中でどのように取り入れられるかについて考察し、結論付ける　〈15分〉

・だ液による消化実験の結果や資料調べから得られた情報を根拠として、食べ物の体の中への取り入れられ方について個人で考察する。

「だ液の実験結果や資料調べで得られた情報から、どのようなことが言えそうですか」

・個人での考察を全体の場で出し合い、結論を導きだす。

「問題に対する結論はどうなると思いますか」

◇消化…食べ物を細かくしたり、吸収しやすいものに変えたりすること。

◇消化液…消化にかかわるだ液や胃液。

○胃…食べ物がつぶされ、胃液と混ぜ合わされる。

○小腸……いろいろな消化液で消化が行われる。消化された養分は主に小腸や血液に吸収される。また、養分とともに水分も吸収される。

じゅう毛 ＝ テニスコート ほどの面積！

○大腸…さらに水分が吸収される。

○かん臓…小腸で吸収された養分が血液によって運ばれてたくわえられる。

2 考察
・食べ物は、口からどんどん小さくなっていき、胃でさらに小さくなり、小腸で栄養が吸収される。
・体内の様々なところにはたらきがある。

結論
食べ物は、口、胃、腸などを通る間に消化、吸収され、吸収されなかった物は、便として排出される。

3 他の動物の消化、吸収は？

4 共通点 差異点

イヌやフナにも、人と同じような消化と吸収に関係するつくりがある。

フナには胃がないが、ひと続きの消化管がある。同じ魚でもアジやサバには胃がある。

3 他の動物の消化、吸収について調べる 〈25分〉

・他の動物の消化、吸収について、コンピューターや図鑑など、自分が一番調べやすい方法を選択して調べる。
「他の動物の消化や吸収はどうなっているのか調べましょう」

4 人と他の動物の消化、吸収について比較し、共通点と差異点についてまとめる 〈20分〉

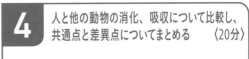

・人と他の動物の消化、吸収について、共通点と差異点に着目しながら発表する。
「人と他の動物の消化や吸収で、同じところ、違うところはありましたか」
・「共通性・多様性」の見方を働かせて、人と他の動物の消化、吸収について、感じたこと、考えたことをノートに記述する。

第⑦時

吸気と呼気の違いについて予想し、検証計画を立てる

本時のねらい
・吸気と呼気に着目し、その違いについて調べる計画を立てることができる。

本時の評価
・吸気と呼気との違いについて、生活経験や既習の内容を基に予想や仮説を発想し、検証計画を考え、表現している。思①

準備するもの
・気体検知管の使い方（掲示物）
・石灰水の使い方（掲示物）

| 問題 | 「吸う空気」と「はき出した空気」では、どのようなちがいがあるのだろうか。 |

1 口の前に手を当てて深呼吸してみると？！
・はき出した空気は、あたたかい。
・吸う空気は冷たく感じる。
・何回か深呼吸していると、手が湿ってきた。

予想 **2**

・体内に一度取り込んでいるから、空気の成分にちがいがあるはず。
・「はーっ」と息をはいたらあたたかいし、息に手を当てると湿るから、水蒸気も出ていると思う。
・人は体温があるからはき出した空気もあたたかいだけで、特に空気の成分までは変わらないと思う。
・教室の換気を忘れた時、少し息苦しいなって思うことがあるから、呼吸で必要な成分だけが体内に取り込まれて、いらないものが出されていると思う。
・ものが燃える実験と同じように吸う空気とはき出した空気では酸素と二酸化炭素の割合にちがいがあるのかも。

授業の流れ ▷▷▷

1 「吸う空気」と「吐き出した空気」の違いを体感し、問題を把握する 〈5分〉

・口の前に手を当てて深呼吸し、「吸う空気」と「吐き出した空気」の違いを体感する。

「深呼吸してみて、『吸う空気』と『吐き出した空気』からんなことを感じましたか」

・体感することを通して得られた気付きをきっかけとし、「吸う空気」と「吐き出した空気」では、どのような違いがあるのかについてイメージを広げ、追究内容を把握する。

2 活動から得られた情報や生活経験、既習の内容を基に予想し、発表する 〈10分〉

・活動から得られた情報や生活経験、既習の内容を基に予想する。

・「吐き出した空気」は暖かさや湿り気があることから、「吸う空気」とは質的に違いがあるという見方を働かせて考えるようにする。

「『吸う空気』と『吐き出した空気』では、どのような違いがあるのか、理由も付けて予想しましょう」

3 検証方法　　実験2　気体検知管と石灰水、2種類の方法で調べる　　二人一実験

具体的に！

〈気体検知管で〉
①2枚の袋に⑦空気、⑦息を入れる。
②袋の口をしっかりとめる。
③気体検知管を入れてはかる。

〈石灰水で〉
①2枚の袋に⑦空気、⑦息を入れる。
②袋の口をしっかりにぎる。
③ろうとで石灰水を入れてふる。

実験で

空気の成分にちがいがあるなら
・気体検知管
・石灰水
を使って調べるとちがいが分かる。

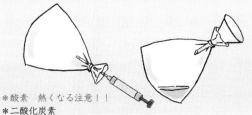

＊約30mL

必ず保護眼鏡をすること！！

＊酸素　熱くなる注意！！
＊二酸化炭素
　0.03～1％用と0.5～8％用両方で

4 結果の見通し

	〈気体検知管〉	〈石灰水〉
○ちがいがある……	二酸化炭素 0.04％より多い	白くにごる
（二酸化炭素が多くなる）	酸素 21％より少ない	
○ちがいはない……	空気の成分と同じ値	変化なし

3 「吸う空気」と「吐き出した空気」の違いについて、確かめる方法を考える〈10分〉

・まずは個人で予想を確かめるための方法を考え、ノートに記述する。
「『吸う空気』と『吐き出した空気』では、どのような違いがあるのか、確かめる方法を考えましょう」

4 確かめる方法を共有し、結果を見通す〈20分〉

・「吸う空気」と「吐き出した空気」の違いについて確かめる方法を全体で共有する。
「気体検知管や石灰水の使い方で気を付けることがありましたね。確認しましょう」
・全体で共有した方法で調べた場合、予想が確かめられたときの結果を見通す。
「自分の予想が確かめられたときの気体検知管や石灰水の反応について考えてみましょう」

吸気と呼気の成分の違いを調べる実験を行う

本時のねらい

・前時に共有した実験方法を用いて呼気と吸気の成分の違いを調べることができる。

本時の評価

・呼気と吸気の成分の違いを調べる実験に取り組み、器具や機器などを選択して、正しく扱いながら調べ、それらの過程や得られた結果を適切に記録している。知⑤

準備するもの

・前時の板書、準備するものの掲示物
・ポリエチレンの袋　　　・石灰水　　　・ろうと
・ビーカー　　　　　　　・モール
・セロハンテープ　　　　・気体採取器
・保護眼鏡　　　　　　　・ぬれ雑巾
・気体検知管（酸素用 2 ・二酸化炭素用各 2 ）
・空気の成分表

問題　「吸う空気」と「はき出した空気」では、どのようなちがいがあるのだろうか。

1 予想
・体内に一度取り込んでいるから、空気の成分にちがいがあるはず。
・人は体温があるからはき出した空気もあたたかいだけで、特に空気の成分までは変わらないと思う。

実験2　二人一実験　結果の見通し

〈気体検知管で〉
①2 枚の袋に⑦空気、⑦息を入れる
②袋の口をしっかりとめる
③気体検知管を入れてはかる

	気体検知管	石灰水
ちがいある	二酸化炭素は増える 酸素は減る	白くにごる
ちがいない	空気の成分と同じ値	変化なし

〈石灰水で〉
①2 枚の袋に⑦空気、⑦息を入れる
②袋の口をしっかりにぎる
③ろうとで石灰水を入れてふる

模造紙を貼る

2
〈準備するもの〉
ポリエチレンの袋(4枚)　　　　　保護眼鏡(2つ)
ビーカー(50mL)　　　　　　　　ろうと(1つ)
気体採取器　　　　　　　　　　　セロハンテープ(1つ)
気体検知管(酸素2、二酸化炭素 赤2・黄2)　ぬれ雑巾
石灰水(30mL)　　　　＊気体検知管…酸素は熱くなる　注意!!
モール(1本)　　　　　＊石灰水………必ず保護眼鏡をすること!!

授業の流れ ▷▷▷

1　前時に共有した実験方法、それぞれが立てた予想と結果の見通しを確認する 〈5分〉

・前時に共有した実験方法、それぞれが立てた予想と結果の見通しを確認するため、前時の板書を記録した掲示物を見る。

「前の時間にみんなで一緒に考えた実験方法を確認しましょう」
「自分が立てた予想と結果の見通しについても確認しましょう」

2　二人一実験で実験に取り組み、結果を記録する 〈20分〉

・班で役割分担し、実験を行うために必要な器具や機器を準備する。

・気体検知管を用いて確かめる方法、石灰水を用いて確かめる方法の実験に取り組む。

「気体検知管や石灰水の使い方に気を付けて、2 人で協力して実験を進めましょう」

・実験終了後、結果をノートに記録する。

・各ペアの結果を黒板に記述する。

	ア 吸う空気							イ はき出した空気						
	1	2	3	4	5	6	7	1	2	3	4	5	6	7
石灰水	透明	透明	透明	透明	透明	透明	透明	白くにごった	白くにごった	白くにごった	白くにごった	白くにごった	白くにごった	白くにごった
酸素(%)	20.8	21.0	20.5	21.0	20.7	21.0	20.8	16.5	17.0	17.0	16.5	16.5	17.0	17.0
二酸化炭素(%)	0.04	0.04	0.04	0.04	0.04	0.04	0.04	4.0	3.5	3.5	4.0	4.0	3.5	4.0
袋の中の様子	変化なし	変化なし	変化なし	変化なし	変化なし	変化なし	変化なし	白くくもった	白くくもった	白くなって水てきが付いた	白くくもった	白くくもった	白くくもった	白くくもった

考察
・はき出した空気は吸う空気より酸素が少なく二酸化炭素が多いことが分かる。
・酸素の一部が使われていることが分かる。
・体内に酸素が取り込まれ、二酸化炭素がはき出されていることになる。

吸う空気　　　　　　　　　　　二酸化炭素など→
| ちっ素 | 酸素 |

はき出した空気

4 結論
「吸う空気」と「はき出した空気」では、空気の成分にちがいがある。はきだした空気は、吸う空気と比べて酸素が減り、二酸化炭素が増えている。

体内では、どのようになっているのだろう？

3 全体で実験結果を共有し、実験結果を基に考察する〈10分〉

・各ペアの実験結果を客観的に分析し、「吸う空気」と「吐き出した空気」の違いについて個人で考察する。
「各ペアの実験結果が揃いました。この結果から、どのようなことが言えそうですか」

4 「吸う空気」と「吐き出した空気」の違いについて結論付ける〈10分〉

・個人での考察を全体の場で出し合い、結論を導きだす。
「問題に対する結論はどうなると思いますか」
「酸素は体内でどのように取り入れられ、二酸化炭素は体内からどのように出されているのでしょうか。次の学習で考えてみましょう」

第 ⑨ ／ ⑩ 時

酸素、二酸化炭素の体内での交換について、問題解決する

（本時のねらい）
・酸素、二酸化炭素の体内での交換について調べることを通して、得られた情報を基に考察し、結論を導きだすことができる。

（本時の評価）
・体内に酸素が取り入れられ、体外に二酸化炭素などが出されていることを理解している。知①

（準備するもの）
・ビデオ　　・DVD　　・図鑑　　・人体模型
・レントゲン写真
・人の肺や肺胞のつくりが分かるイラスト
・他の動物の呼吸器が分かるイラスト
　（イヌやフナなど）

問題｜酸素は体内でどのように取り入れられ、二酸化炭素は体内からどのように出されているのだろうか。

予想 1
・息をすると胸がふくらんだり元に戻ったりするから、胸の中にある肺が関係していると思う。
・肺で必要な酸素を取り込み、代わりにいらなくなった二酸化炭素を出しているのだと思う。

検証方法
・パソコン、ビデオ、DVD を使って
・人体模型や図鑑を使って

〈検索ワード〉 2
・肺　　・息の出し入れ　　など
〈おすすめのサイト〉
「人体のふしぎ」　http://www.…（○○さん）
〈おすすめの本〉
『息をすると』（○○さん）

（授業の流れ）▷▷▷

1 前時で見いだした問題について予想し、確かめる方法を考える〈10分〉

・酸素が体内でどのように取り入れられ、二酸化炭素が体内からどのように出されているのかについて、既習の内容や生活経験を基に予想する。
「前の時間の学習で、呼気と吸気との違いについて学びましたね。目に見えない体内で、どのように酸素から二酸化炭素へと変換されているのでしょう」

2 酸素、二酸化炭素の体内での交換について調べてまとめる　〈40分〉

・コンピューターやビデオ、DVD などの視聴覚機器、人体模型や図鑑などを用いて調べ、分かったことをノートに記述する。
「調べている中で、おすすめのサイトや本があれば紹介してください」

3 資料調べ2 ◇呼吸…酸素を取り入れて二酸化炭素を出すこと

呼吸＝呼気（はき出す空気）と吸気（吸う空気）

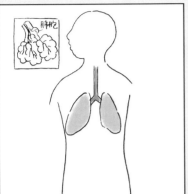

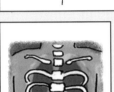

○肺…空気中の酸素の一部が血液に取り入れられ、血液からは二酸化炭素が出される。

○肺胞…肺にある。
　教室ほどの広さ
　空気と毛細血管の接する表面積を大きくすることで、効率よく酸素と二酸化炭素の交換をしている。

＊酸素や二酸化炭素は血液で運ばれる

左の肺が少し小さい
（心臓があるため）

←レントゲン写真

| 考察 | ・肺で交換されている。 ・血液が関係している。 |

| 結論 | 酸素は肺で血液の中に取り入れられ、二酸化炭素は血液の中から肺へ出されている。 |

4 他の動物の呼吸は？

酸素 → 二酸化酸素

酸素 → 二酸化酸素

共通点　　　　差異点

イヌは人と同じように肺を使って呼吸している。
クジラは鼻から空気、肺を使って呼吸している。

フナはえらを使って水中の酸素を血液に取り入れ、二酸化炭素を出している。

---

3 情報を伝え合い、それを基に考察し、結論付ける　〈25分〉

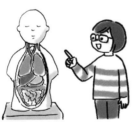

・資料調べから得られた情報を伝え合う。
「絵や図、写真や模型を用いて、説明していることがみんなによく伝わるようにしましょう」
・共有した情報を基に、個人で考察する。
・個人での考察を全体の場で出し合い、結論を導きだす。
「問題に対する結論はどうなると思いますか」

4 他の動物の呼吸について調べ、人と比較して、共通点と差異点についてまとめる　〈15分〉

・他の動物の呼吸について、コンピューターや図鑑などを用いて調べる。
「他の動物の呼吸についても調べましょう」
・人と他の動物の呼吸について、共通点と差異点に着目しながら発表する。
・「共通性・多様性」の見方を働かせて、人と他の動物の呼吸について、感じたこと、考えたことをノートに記述する。

第⑪／⑫時

血液の流れと働きについて、問題解決する

本時のねらい

・血液の流れと働きについて調べることを通して、得られた情報を基に考察し、結論を導きだすことができる。

本時の評価

・血液は、心臓の動きで体内を巡り、養分、酸素及び二酸化炭素などを運んでいることを理解している。知③

準備するもの

・ビデオ　　・DVD　　・図鑑　　・心臓模型
・全身の血液の流れが分かる拡大図
・心臓の血液の流れが分かる拡大図
・他の動物の血液の流れが分かる拡大図（イヌやフナなど）
・聴診器　　・ストップウォッチ

| 問題 | 血液はどのように全身を流れ、どのようなはたらきをしているのだろうか。 |

予想 1

・走る前後で心臓の動きが全くちがうから、心臓から血液が押し出されていると思う。体のいろいろな部分へ。
・体のどこをけがしても血が出るから、体のすみずみまで流れていると思う。
・小腸で吸収した養分…かん臓やその他の臓器に運ぶ。
・肺ほうで酸素と二酸化炭素のガス交換。

検証方法

・心臓の音を聞く、脈を計る
・コンピュータ、ビデオ、DVDを使って
・人体模型や図鑑を使って
〈検索ワード〉
・血液　　・血管　　・心臓　など
〈おすすめのサイト〉
「人体図鑑」　http://www.…（○○さん）
〈おすすめの本〉
『血液のはたらき』（○○さん）

授業の流れ ▷▷▷

1　体内での血液の流れと働きについて予想する　〈10分〉

・血液はどのように全身を流れ、どのような働きをしているのかについて、既習の内容や生活経験を基に予想する。
「これまで消化や吸収、呼吸について学んできましたが、どちらにも血液が関係しているようでしたね。血液はどのように全身を流れ、どのような働きをしているのでしょうか」

2　血液の流れや働きについて調べ、得られた情報をまとめる　〈40分〉

・聴診器を用いて心臓の拍動を聞く。
・1分間の脈拍を数える。
「拍動を聞いたり、脈拍を数えたりした後、その場で屈伸などをして体を動かし、もう一度計ってみましょう」
・コンピューターやビデオ、DVDなどの視聴覚機器、心臓模型や図鑑などを用いて調べ、分かったことをノートに記述する。

2

観察
・聴診器で心臓の音を聞く。
・手や首筋に指を当てる。1分間の脈を計る。

資料調べ3

全身
↓
心臓
↓
肺
↓
心臓
↓
全身

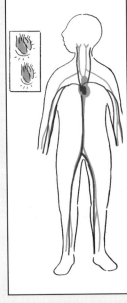

◇心拍数＝脈拍数
◇心臓…拍動
◇手首など…脈拍
○心臓…血液を送り出す
　ポンプ
1年で3679万2000回！
○血管…体中に張りめぐ
　らされている。
○毛細血管…全身に
○動脈…酸素多い
○静脈…二酸化炭素多い
○全身を流れる中で、体
　の各部分で不要になっ
　た物が血液に入る

3

考察
・血液は全身、心臓、肺、心臓、全身と絶えず体の中をめぐっている。

結論
血液は心臓のはたらきで送り出され、体の各部分をめぐり、再び心臓にもどる。血液は1日に何度も体内をめぐりながら、体の各部分に酸素や養分を渡し、二酸化炭素や体内でできた不要な物を受け取っている。

4 他の動物の血液の流れは？

 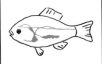

共通点　　　　　差異点

イヌにもフナにも、小さなメダカにも血液が流れている。
心臓もある。

魚類の心臓は左右に分かれていない。
血液はすべてえらに向かっている。

---

3 資料調べから得られた情報を伝え合い、それを基に考察し、結論付ける 〈25分〉

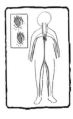 

・資料調べから得られた情報を伝え合う。
「絵や図、写真や模型を用いて、説明していることがみんなによく伝わるようにしましょう」
・共有した情報を基に、個人で考察する。
・個人での考察を全体の場で出し合い、結論を導きだす。
「問題に対する結論はどうなると思いますか」

4 他の動物の呼吸について調べ、人と比較して、共通点と差異点についてまとめる 〈15分〉

・他の動物の血液の流れについて、コンピューターや図鑑などを用いて調べる。
「他の動物の血液の流れについて調べましょう」
・人と他の動物の血液の流れについて、共通点と差異点に着目しながら発表する。
・「共通性・多様性」の見方を働かせて、人と他の動物の血液の流れについて、感じたこと、考えたことをノートに記述する。

第⑬／⑭時

体内でできた不要な物の行方について、問題解決する

本時のねらい
・体内でできた不要な物の行方について調べることを通して、得られた情報を基に考察し、結論を導きだすことができる。

本時の評価
・体内でできた不要な物の行方について、これまで追究してきたことや資料調べから得られた情報を基に、より妥当な考えをつくりだし、表現している。思②

準備するもの
・ビデオ　　・DVD　　・図鑑　　・人体模型
・腎臓や尿管、膀胱の位置関係が分かる拡大図
・他の動物の腎臓や尿管、膀胱の様子が分かる拡大図

| 問題 | 体内でできた不要な物はどこに運ばれ、どうなるのだろうか。 |

予想 ◀1

・呼吸では、肺から二酸化炭素を、消化・吸収では、消化管を通って最後はこう門から便を体外に出していた。
・肺や消化管以外の臓器に運ばれていると思う。
・便以外ににょうも体外に出す不要な物だと思うから、にょうに関係する臓器を調べるとわかると思う。

検証方法

・コンピュータ、ビデオ、DVD を使って
・人体模型や図鑑を使って

〈検索ワード〉　　　　　　　　　　　　◀2
・にょう　　・ぼうこう　　など
〈おすすめのサイト〉
「サイエンス」　http://www.…（○○さん）
〈おすすめの本〉
『尿になるまで』（○○さん）

授業の流れ ▷▷▷

1 体内でできた不要な物の行方について予想し確かめる方法を考える 〈10分〉

・体内でできた不要な物の行方について、既習の内容や生活経験を基に予想する。

「血液が全身を流れる中で、体の各部分で二酸化炭素や不要になった物を受け取っていると学びましたね。二酸化炭素は肺で酸素と交換されていました。では、体内で不要になった物は、どこに運ばれ、どうなるのでしょうか」

2 腎臓について調べ、得られた情報をまとめる 〈40分〉

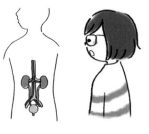

・コンピューターやビデオ、DVD などの視聴覚機器、人体模型や図鑑などを用いて調べ、分かったことをノートに記述する。

「調べている中で、おすすめのサイトや本があれば紹介してください」

3 資料調べ4

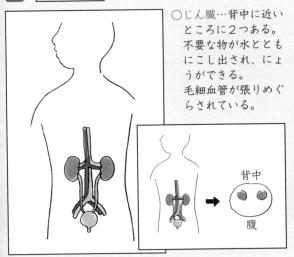

○じん臓…背中に近いところに2つある。
不要な物が水とともにこし出され、にょうができる。
毛細血管が張りめぐらされている。

○ぼうこう…じん臓でつくられたにょうをしばらくためておくふくろ。

考察
・血液でじん臓に運ばれ、水と一緒にこし出されてにょうとなる。
・にょうはしばらくぼうこうにためられている。

結論
体内でできた不要な物は、血液でじん臓に運ばれ、水とともにこし出され、にょうとなって体外に出される。

4 他の動物の不要な物は？

共通点

イヌも人と同じようにじん臓で不要な物がこし出され、にょうとして体外に出している。

差異点

魚にもじん臓やぼうこうはあるが、人のように2つない。

---

3 資料調べから得られた情報を伝え合い、それを基に考察し、結論付ける 〈25分〉

・資料調べから得られた情報を伝え合う。
「絵や図、写真や模型を用いて、説明していることがみんなによく伝わるようにしましょう」
・共有した情報を基に、個人で考察する。
・個人での考察を全体の場で出し合い、結論を導きだす。
「問題に対する結論はどうなると思いますか」

4 他の動物の排泄について調べ、人と比較して、共通点と差異点についてまとめる 〈15分〉

・他の動物の排泄について、コンピューターや図鑑などを用いて調べる。
「他の動物の排泄についても調べましょう」
・人と他の動物の排泄について、共通点と差異点に着目しながら発表する。
・「共通性・多様性」の見方を働かせて、人と他の動物の排泄について、感じたこと、考えたことをノートに記述する。

第⑮時

体の各部分のつながりについて、問題解決する

本時のねらい
・血液の流れを関連付けながら、臓器同士のつながりをまとめ、生命を支えるしくみについて考えを深めることができる。

本時の評価
・体内には、生命活動を維持するための様々な臓器があることを理解している。知④
・人の体のつくりと働きについて調べる活動に進んで取り組み、粘り強く、友達と関わりながら問題解決しようとしている。態①

準備するもの
・血液の流れから見た臓器同士のつながりが分かる拡大図
・血液の成分や働きが分かる拡大図
・人体模型

| 問題 | 体の各部分には、どのようなつながりがあるのだろうか。 |

予想 ◀ **1**

・体内に必要な物も、体内で不要となった物も、どちらも血液が運んでいた。だから、血液でつながり合っていると思う。
・消化と吸収、呼吸、排せつと生きていくために必要な営みのどれにも血液が関係していたから、血液がうまく体の各部分をつなげていると思う。

まとめる方法

・これまで学んできたことを思い出して
・消化と吸収、呼吸、排せつごとにまとめる
・血液の流れを意識してまとめる

2 体の各部分

○臓器…肺、心臓、かん臓、小腸、じん臓などのこと
＊臓器どうしのつながり
＊血液との関係

授業の流れ ▷▷▷

1 体の各部分のつながりについて予想し、まとめる方法を考える 〈5分〉

・体の各部分のつながりについて、追究してきたことを基に予想する。
「消化と吸収、呼吸、排泄について学んできましたね。様々な部分のつくりと働きに目をむけてきましたが、それぞれの部分はどのようにつながっているのでしょう」
・まとめる方法を発表する。

2 体の各部分のつながりについてまとめる 〈15分〉

・これまで追究してきたことを思い出し、血液の流れと関係付けながら、体の各部分のつながりについてまとめる。
「消化と吸収、呼吸、排泄ごとに、まとめていくようにしましょう」

3 学習のまとめ

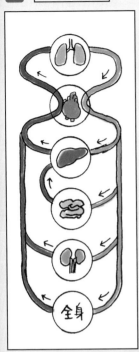

全身

①食べ物が消化された養分は小腸から吸収され、血液によってかん臓まで運ばれる。

②かん臓まで運ばれた養分は、そのままたくわえられたり、血液によって体の各部分に運ばれ、そこで使われたりする。

③肺では酸素が血液に取り入れられ、二酸化炭素が出される。

④心臓は「はく動」によって血液を送り出している。

⑤じん臓は血液に入った、体の各部分で不要となったものや余分な水をにょうにする。にょうは、ぼうこうに送られ、しばらくためられてから、体外に出される。

⑥血管はだんだん枝分かれして細くなり、体のすみずみまで張りめぐらされている。

考察

・体の各部分は、それぞれの働きをしていて、その働きが血液でつながり合っているから、どの部分も大切でかけてしまっては健康ではなくなってしまう。

・消化と吸収、呼吸、排せつと別々の営みだけど、すべて血液でつながれていて、動物は生きることができている。

4

結論

体の各部分には、血液を通したつながりがある。生命活動を維持するために様々な臓器が大切なはたらきをしている。

血液の成分…血しょう、赤血球、白血球、血小板 がある

---

3 まとめたことを伝え合い、それを基に考察する 〈15分〉

・「消化、吸収」、「呼吸」、「排泄」ごとに、まとめたことを伝え合う。

「まとめたことを伝え合うことで、消化と吸収、呼吸、排泄について、一つずつ確認していきましょう」

・共有したことを基に、個人で考察する。

4 個人での考察を全体の場で出し合い、結論を導きだす 〈10分〉

・個人での考察を全体の場で出し合い、結論を導きだす。

「問題に対する結論はどうなると思いますか」

第⑯時

学習を振り返り、人や他の動物の体のつくりと働きについてまとめる

本時のねらい
・学んだことを生かして、人や他の動物の共通点・差異点に目を向けた概念図をかくことを通して、「共通性・多様性」の見方の深まり、広がりを感じ取ることができる。

本時の評価
・人や他の動物の体のつくりと働きについて学んだことを学習や生活に生かそうとしている。態②

準備するもの
・これまでの学習過程が分かる掲示物
・白紙の概念図（子供用）

---

1 学習してきたことをふり返ろう

・自分の体の中に、こんなにもすごい仕組みがあるとは知らなかった。

・人と他の動物とでは、肺呼吸やえら呼吸のように体のつくりにちがいはあったけど、酸素を体の中に取り入れ、二酸化炭素をはき出していることは同じだということがわかっておどろいた。

・小さな魚の中にも、人と同じような体のつくりとはたらきがあるということにも驚いた。

・人も自然の中に生きる、一つの動物なんだなと思った。

・体の中のすべてにむだなものがないということがすごいなと思った。

授業の流れ ▷▷▷

1 学習してきたことを振り返り、概念図をかく準備をする 〈5分〉

・学習してきたことについて、全体で確認する。

「人を中心に、体のつくりと働きについて学んできましたね。他の動物とも比較しながら学んできました。学習を通して、どんなことを感じたり考えたりしましたか」

2 差異点と共通点を整理しながら、概念図をかく 〈25分〉

・まずは学習の初めにかいた概念図を見たり、友達の概念図を見たりせず、個人で概念図をかく。

・学習してきたことを基に、人や他の動物の差異点と共通点を意識してかく。

「差異点と共通点がたくさんかけるようにしましょう」

〈学習後〉

2

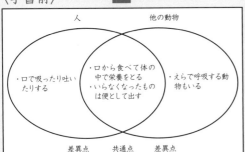

人　　　　　　　　他の動物

・口から吸った空気
は肺で血液の中
に取り入れられ、
体の各部分に運
ばれ使われる。

・消化管で食べ物を消
化し、吸収している。
・イヌやフナにも人と
同じようなつくりが
ある。

・魚は、えらを使っ
て水中の酸素を
取り入れ、水中に
二酸化炭素を出
している。

差異点　　共通点　　差異点

〈学習前〉

3

人　　　　　　　　他の動物

・口で吸ったり吐い
たりする

・口から食べて体の
中で栄養をとる
・いらなくなったもの
は便として出す

・えらで呼吸する動
物もいる

差異点　　共通点　　差異点

4 生活や学習に生かしたいこと

・体の各部分がつながりあっているから
こそ生きることができていると思うと、
自分の体を大切にしなくてはと思う。

・どんな小さな魚にも、人と同じように
血液がすみずみまで流れていて尊い命
だと思う。その尊い命を大切に「いた
だきます」と言いたい。

・人と他の動物とを比較してみることで、
これまで気付くことができなかった差
異点や共通点に気付くことができた。
だから、他の学習でも、何か同じとこ
ろはないかな、ちがうところはないか
なという目でみていくようにしたい。

---

3 初めにかいた概念図と見比べ、学習
前後の自分の変容を感じ取る〈10分〉

・概念図にかいたことを伝え合う
・学習の初めにかいた概念図と見比べる。
・学習前の自分と学習後の自分の変容を感じ取
る。
「学習の初めにかいた概念図と見比べてみて、
どんなことに気付きましたか」

4 これからの学習や生活にどのように生か
していきたいかについて話し合う〈5分〉

・学んだことを、これからの学習や生活にどの
ように生かしていきたいかについて話し合
う。
「学習で学んだことを、これからの学習や生活
に、どのように生かしたいと思いますか」

6 植物の養分と水の通り道　B (2)　8 時間扱い

単元の目標

　植物の体のつくりと体内の水などの行方や葉で養分をつくる働きに着目して、生命を維持する働きを多面的に調べる活動を通して、植物の体のつくりと働きについての理解を図り、観察、実験などに関する技能を身に付けるとともに、主により妥当な考えをつくりだす力や生命を尊重する態度、主体的に問題解決しようとする態度を育成する。

評価規準

知識・技能	思考・判断・表現	主体的に学習に取り組む態度
①植物の葉に日光が当たるとでんぷんができることを理解している。 ②根、茎及び葉には、水の通り道があり、根から吸い上げられた水は主に葉から蒸散により排出されることを理解している。 ③植物の体のつくりと働きについて、観察、実験などの目的に応じて、器具や機器などを選択し、正しく扱いながら調べ、それらの過程や得られた結果を適切に記録している。	①植物の体のつくりと働きについて、問題を見いだし、予想や仮説を基に、解決の方法を発想し、表現するなどして問題解決している。 ②植物の体のつくりと働きについて、観察、実験などを行い、体のつくり、体内の水などの行方及び葉で養分をつくる働きについて、より妥当な考えをつくりだし、表現するなどして問題解決している。	①植物の体のつくりと働きについての事物・現象に進んで関わり、粘り強く、他者と関わりながら問題解決しようとしている。 ②植物の体のつくりと働きについて学んだことを学習や生活に生かそうとしている。

単元の概要

　第 1 次では、日光が当たっている何枚かの葉で、アルミニウム箔などを被せて遮光した葉と遮光しない葉を用いて、葉の中のでんぷんの存在を比較しながら実験し、植物の葉に日光が当たるとでんぷんができることを理解する。

　第 2 次では、植物に着色した水を吸わせ、茎や葉などを切ってその体の内部のつくりを観察したり、何枚かの葉に透明な袋で覆いをして袋に付く水の量を観察したりする。植物の根、茎及び葉には水の通り道があり、すみずみまで水が行きわたっていることや、根から吸い上げられた水は主に葉から蒸散により水蒸気として排出されていることを理解する。

指導のポイント

(1)本単元で働かせる「見方・考え方」

　本単元は、「生命」を柱とする領域に位置付けられており、子供が自然事象を主に「共通性・多様性」といった見方を働かせて追究することが大切である。具体的には、植物の中の水の通り道について考える際、「どの植物も同じような体のつくりをしているのか」「植物によって体のつくりは異なるのか」といった「共通性・多様性」の見方を働かせて問題を解決することが考えられる。また、第 6

学年で重視される「多面的に考える」といった考え方を働かせて、資質・能力の育成を目指す。具体的には、複数の葉で日光にでんぷんができているか調べたり、根、茎、葉のそれぞれ数カ所で水の通り道を調べたりして、複数の実験結果を基に考察するようにする。数種類の植物で実験し、考察することも考えられる。また、「条件を制御する」といった考え方を働かせることが大切である。第1次では、制御すべき要因（同じ種類の植物で日光の当たり方や大きさが同じくらいの葉、調べる前の日から覆いをして葉にでんぷんがほとんどない状態にすることなど）と制御しない要因（日光を当てる、当てない）を区別しながら計画的に実験し、葉に日光が当たることででんぷんができることを理解する。

⑵**本単元における「主体的・対話的で深い学び」**

「主体的な学び」については、日なたと日陰で育てたジャガイモの様子や、しおれた植物の根元に水を与えて植物が元に戻る様子を観察から、疑問を基にして自分たちで観察、実験を通して解決できそうな問題を見いだすことができるようにする。また、「対話的な学び」に関しては、予想や仮説の設定や検証計画の立案、考察、結論の導出の場面で、あらかじめ個人で考え、その後、意見交換をしたり、根拠を基に話して議論しながら科学的に問題解決したりできるようにすることが大切である。「深い学び」については、植物を植えた経験や第5学年での「植物の発芽、成長、結実」の学習など、これまでの学びを振り返ることができるようにしながら、様々な知識をつなげ知識を相互に関連付けてより深く理解したり、考えを形成したりできるようにする。

指導計画（8時間）　詳細の指導計画は 🔘 06-01参照

次	時	主な学習活動	評価
1	1	○日なたと日陰で育てたジャガイモを観察し、日光の当たり方と植物の成長との関係について話し合う。	（思①）
	2	**実験1** 日光が当たっている何枚かの葉で、アルミニウム箔を被せて遮光した葉と遮光しない葉を用いて、葉の中のでんぷんの存在を比較する。	知③
	3	○植物の葉に日光が当たるとでんぷんができるのか話し合う。	知①
2	4	○しおれた植物の根元に水を与えて、しばらくすると、植物が元に戻るのはどうしてなのか話し合い、水を運ぶ体のつくりを予想する。 **実験2** 植物に色水を吸わせる。	思①
	5	**実験2（続き）** 根、茎、葉を切って、どのように染まっているか調べる。 ○結果を交流し、植物が水を運ぶ体のつくりについて考え、話し合う。	思②
	6	○根から取り入れられて葉まで運ばれた水は、その後どうなるか考える。 **実験3** 葉をつけたままの植物と、葉を取り去った植物の重さを量る。フラスコに入れ、透明な袋で覆い、水面に印を付ける。	態①
	7	**実験3（続き）** 袋に付く水の量や水面の位置、植物の重さを比較する。 ○結果を交流し、植物が水を運ぶ体のつくりについて考え、話し合う。 ○白い花が咲いている植物に2色の色水を吸わせて、2色の花に変化する様子から問題を見いだす。	知②
	8	**実験4** 茎、花を切って、どのように染まっているか調べる。 ○交流した結果を基に、植物が水を運ぶ体のつくりについて話し合う。	態②

第①時

日光の当たり方と植物の成長との関係について問題を見いだし、調べる方法を考える

本時のねらい

・葉で養分をつくる働きに着目して、植物の葉に日光が当たるとでんぷんができるかどうかの問題を見いだし、調べる方法を考えることができる。

本時の評価

・葉で養分をつくる働きについて、問題を見いだし、予想や仮説を基に、解決の方法を発想し、表現している。（思①）

準備するもの

・日なたと日かげで育てたジャガイモ（もしくはインゲンマメ）とそれぞれの様子が分かる写真
・デジタルカメラ（タブレット型端末）
・葉のでんぷんの調べ方（掲示物）

---

1 ジャガイモの観察

	日なたで育てた ジャガイモ	日かげで育てた ジャガイモ

写真を掲示する

	日なた	日かげ
葉	・多い ・濃い緑色	・少ない ・黄緑色
くき	・太い ・長い	・細い ・短い

2 なぜ違う？

【5年生で学んだこと】
植物の成長には日光が関係している。

→日光が当たることで養分をつくっている！？

授業の流れ ▷▷▷

1 日なたと日かげで育てたジャガイモを観察し、気付いたことを発表する 〈10分〉

「日なたと日かげで育てたジャガイモを比べ、どのような違いがありましたか」

・日なたと日かげで育ったジャガイモを観察し、気付いたことをノートに記録する。
・ジャガイモの様子をデジタルカメラで撮影し、全体で共有する。
・葉の数や色、大きさなど、観察した様子を比較しながらまとめる。

2 問題を見いだし、予想する 〈10分〉

「植物の成長には何が関係しているのでしょうか」「日光と植物の成長には、どのような関係があるのでしょうか」

・植物を植えた経験や第5学年「植物の発芽、成長、結実」の学習などと関係付けたり、「共通性・多様性」の視点で植物を捉えたりして、問題を見いだし、予想する。
・養分については、でんぷんとして考える。

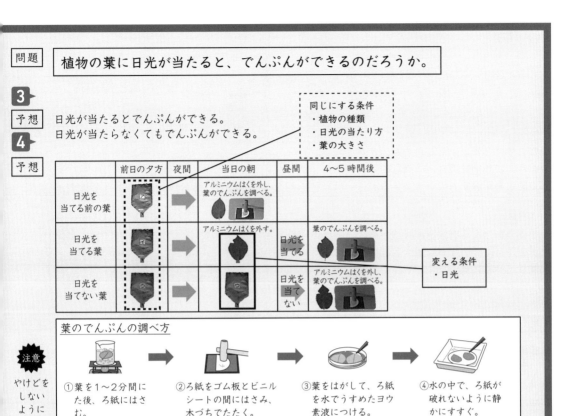

問題 | 植物の葉に日光が当たると、でんぷんができるのだろうか。

3
予想

日光が当たるとでんぷんができる。
日光が当たらなくてもでんぷんができる。

4
予想

同じにする条件
・植物の種類
・日光の当たり方
・葉の大きさ

	前日の夕方	夜間	当日の朝	昼間	4〜5時間後
日光を当てる前の葉	ア		アルミニウムはくを外し、葉のでんぷんを調べる。		
日光を当てる葉	イ		アルミニウムはくを外す。	日光を当てる	葉のでんぷんを調べる。
日光を当てない葉	ウ		ウ	日光を当てない	アルミニウムはくを外し、葉のでんぷんを調べる。

変える条件
・日光

葉のでんぷんの調べ方

①葉を1〜2分間にた後、ろ紙にはさむ。

②ろ紙をゴム板とビニルシートの間にはさみ、木づちでたたく。

③葉をはがして、ろ紙を水でうすめたヨウ素液につける。

④水の中で、ろ紙が破れないように静かにすすぐ。

注意
やけどをしないように

---

3 解決の方法を発想し、表現する 〈10分〉

「どのような葉で調べるのがよいでしょうか」
「どのような条件を同じにして、どのような条件を変えればよいか考えましょう」
・「条件を制御する」といった考え方を働かせて、解決の方法を発想し、ノートに表現する。
・制御すべき要因と制御しない要因を区別しながら、計画的に実験を行うことができるように助言する。

4 解決の方法を話し合い、実験計画を立て、結果の見通しをもつ 〈15分〉

・学級全体で、解決の方法を話し合う。
・実験計画をイメージしやすいように、絵や表、フローチャートなどでまとめる。
・数種類の植物（ジャガイモ、インゲンマメなど）で実験して、多面的に調べるようにする。
「自分の予想が確かめられたときの実験結果について考えてみましょう」
・実験を行う前に、結果の見通しを考える。

第②時

植物の葉に日光が当たると、でんぷんができるか調べる

本時のねらい

・植物の葉に日光が当たるとでんぷんができるかどうかについて調べ、それらの過程や得られた結果を記録することができる。

本時の評価

・葉で養分をつくる働きを調べるために、器具などを正しく扱いながら調べ、結果を適切に記録している。知③

準備するもの

・実験方法（第①時の板書）の掲示物
・葉のでんぷんの調べ方（掲示物）
・実験用ガスコンロ
・デジタルカメラ（タブレット型端末）
・金網　・ろ紙　・木づち
・植物（ジャガイモなど）　・ゴム板
・アルミニウム箔　・ヨウ素液　・ビニルシート
・ビーカー　・ペトリ皿　・トレイ　・保護眼鏡

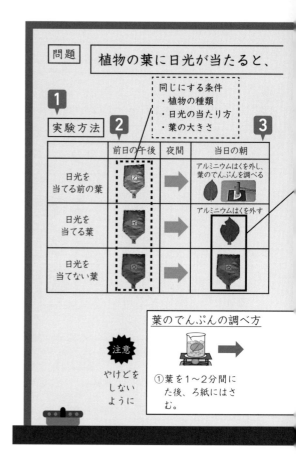

授業の流れ ▷▷▷

| **1** | 実験計画や結果の見通しを確認する 〈5分〉 |

・前時でまとめた実験計画や結果の見通しを確認する。
・天気予報を調べ、葉に日光を当てる実験当日は天気のよい日に行う。
「どのようにして調べればよいでしょうか」
・でんぷんがほとんどない状態にするまで、日光を当ててでんぷんができるまでには時間がかかるので、計画的に実験を行うようにする。

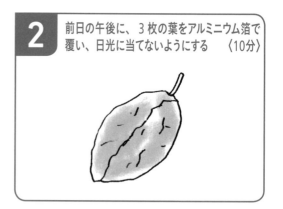

| **2** | 前日の午後に、3枚の葉をアルミニウム箔で覆い、日光に当てないようにする 〈10分〉 |

「どの植物の葉で実験しますか」
「どのような条件を同じにすればよかったでしょうか」
・葉に日光を当てる実験の前日の午後に、3枚の葉をアルミニウム箔で覆い、日光に当てないようにする。
・3枚の葉が区別できるように、アルミニウム箔に印を付ける。

でんぷんができるのだろうか。

変える条件
・日光

4

昼間	4～5時間後
日光を 当てる	葉のでんぷんを調べる。
日光を 当て ない	アルミニウムはくを外し、 葉のでんぷんを調べる

実験結果 **どの植物も（ア）は同じ結果**

班	1	2	3	4	5	6	7
植物	ジャガイモ	ジャガイモ	ジャガイモ	インゲンマメ	インゲンマメ	アジサイ	アジサイ
日光を当てる前の葉　（ア）	変化なし	変化なし	変化なし	変化なし	変化なし	変化なし	変化なし
日光を当てる葉　　（イ）							
日光を当てない葉　（ウ）							

②ろ紙をゴム板とビニルシートの間にはさみ、木づちでたたく。　→　③葉をはがして、ろ紙を水でうすめたヨウ素液につける。　→　④水の中で、ろ紙が破れないように静かにすすぐ。

---

3 朝、1枚の葉を取り、でんぷんがあるかないかを調べ、記録する　〈15分〉

＊薬品や熱湯、火の取り扱いに注意する。
・でんぷんがなければ残りの2枚のうち1枚は覆いを外して日光を当て、もう1枚はそのままにしておく。
・日光を当てる前の葉の結果をデジタルカメラで撮影したり、ノートに記録したりする。
「各班の結果を黒板に書きましょう」

4 4、5時間後、残りの2枚の葉にでんぷんがないかを調べ、記録する　〈15分〉

「結果をノートと黒板に書きましょう」
・結果をデジタルカメラで撮影したり、ノートに記録したりする。
・生命尊重の観点から、日光を当てた葉にでんぷんがあることを確認できたところで、実験を終了し、実験に利用した植物をなるべく枯らさないようにする。

第2時
131

第 ③ 時

実験結果を基に、植物の葉に日光が当たるとでんぷんができると結論付ける

(本時のねらい)
・前時での実験結果を基に考察し、植物の葉に日光が当たるとでんぷんができるといった結論を導きだすことができる。

(本時の評価)
・植物の葉に日光が当たるとでんぷんができることを理解している。知①

(準備するもの)
・デジタルカメラ（タブレット型端末）

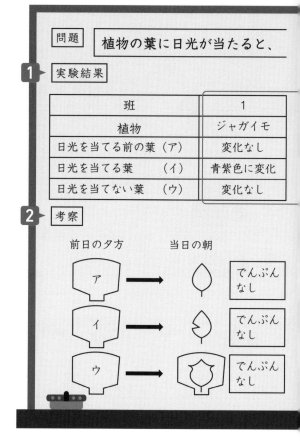

(授業の流れ) ▷▷▷

1 結果を交流する 〈15分〉

「各班で、どのような結果になりましたか」
・前時での実験の記録を振り返ったり、デジタルカメラで撮影した記録を班や学級全体で確認したりする。
・各班の結果を表にまとめ、全体で共有する。

2 結果を基に自分の考えをノートに表現する 〈10分〉

「すべての班の実験結果がそろいました。これらの結果から、植物の葉に日光が当たるとでんぷんができるかについて、分かることをノートに書きましょう」
・個人で考察する。「〜なったから、〜だといえる」など、事実と解釈をノートに表現する。

でんぷんができるのだろうか。

2	3	4	5	6	7
ジャガイモ	ジャガイモ	インゲンマメ	インゲンマメ	アジサイ	アジサイ
変化なし	変化なし	変化なし	変化なし	変化なし	変化なし
青紫色に変化	青紫色に変化	青紫色に変化	青紫色に変化	青紫色に変化	青紫色に変化
変化なし	変化なし	変化なし	変化なし	変化なし	変化なし

どの植物も同じ結果

昼間　　　　　　4〜5時間後　　　　　**4** 結論

> 植物の葉に日光が当たると、でんぷんができる。

日光を当てる　　　　　でんぷんあり

日光を当てない　　　　でんぷんなし

---

3 個人の考えを出し合い、実験結果から分かることを話し合う 〈10分〉

この結果から〜だと思う

「これらの結果から、植物の葉に日光が当たるとでんぷんができるかについて、どのようなことが言えそうですか」
「なぜ、そう考えたのですか」
・複数の実験結果から、「多面的に考える」といった考え方を働かせて、より妥当な考えをつくりだす。

4 結論を導きだす 〈10分〉

「どの植物でも言えそうですか」
「問題に対する結論はどうなりますか」
・「どの植物も葉に日光が当たると、でんぷんができると言えるのではないか」といった「共通性」の視点や「植物によって、でんぷんができる量が異なるのではないか」といった「多様性」の視点で植物を捉えて、結論を導きだす。

第④時

しおれた植物が元に戻る様子から問題を見いだし、水を運ぶ体のつくりを予想する

本時のねらい

・しおれた植物が元に戻る様子から問題を見いだし、水を運ぶ体のつくりについての予想や仮説を基に、解決の方法を発想することができる。

本時の評価

・根から吸収した水の行方について、問題を見いだし、予想や仮説を基に、解決の方法を発想し、表現するなどして問題解決している。思①

準備するもの

・植物（ホウセンカなど）
・色水（切り花用の染色液など）
・三角フラスコ　・移植ごて　・綿
・デジタルカメラ（タブレット型端末）
・フラスコに印を付けるテープ

1

疑問に思ったこと

・根から取り入れた水が、くきや葉まで運ばれたのかな。

・水は、植物の体の中のどこを通っているのかな。

授業の流れ ▷▷▷

1 しおれた植物の根元に水を与えると元に戻る様子を観察し、問題を見いだす〈10分〉

「一度しおれた植物が、水を与えると元に戻るのは、どうしてでしょうか」

・植物を育てた経験や第3学年「身の回りの生物」での植物の体のつくりの学習などと関連付けたり、「共通性・多様性」の視点で植物を捉えたりして、問題を見いだす。

2 植物が水を運ぶ体のつくりを予想し、話し合う〈15分〉

「根から取り入れられた水は、植物の体のどこを通るか、自分の考えを絵や言葉で表しましょう」

・水の通り道に色をつけたり、矢印を書き入れたりして、自分の考えをノートに表現する。
・予想を植物の体の部分ごとに話し合い、比較しながら分類・整理する。

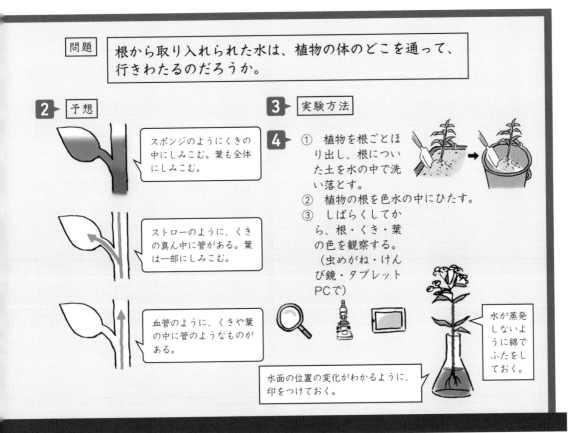

問題　根から取り入れられた水は、植物の体のどこを通って、行きわたるのだろうか。

2 予想

スポンジのようにくきの中にしみこむ。葉も全体にしみこむ。

ストローのように、くきの真ん中に管がある。葉は一部にしみこむ。

血管のように、くきや葉の中に管のようなものがある。

3 実験方法

4
① 植物を根ごとほり出し、根についた土を水の中で洗い落とす。
② 植物の根を色水の中にひたす。
③ しばらくしてから、根・くき・葉の色を観察する。（虫めがね・けんび鏡・タブレットPCで）

水が蒸発しないように綿でふたをしておく。

水面の位置の変化がわかるように、印をつけておく。

---

3 予想や仮説を基に解決の方法を発想する 〈10分〉

「どのようにすれば、自分の予想を確かめることができるか考えを書きましょう」

・個人で予想を確かめるための方法を考え、ノートに書く。

・水を着色する方法として、教師から切り花用の染色液などを提示してもよい。

・学級全体で、解決の方法を話し合い、実験計画をまとめる。

4 植物の根を水の中で洗い、色水の中に浸す 〈10分〉

「どのような植物で実験しますか」

・「共通性・多様性」の見方を働かせて、実験に用いる植物を採取する。数種類の植物で実験して、多面的に調べる。

・植物の体が染まるまでに時間がかかるので、計画的に実験を行うようにする。

・変化が捉えやすいように、デジタルカメラで記録する。

第⑤時

実験結果を基に、植物の体に ある水の通り道を考える

本時のねらい

・植物の体のつくりと働きについて、観察、実験などを行い、得られた結果を基に考察し、結論を導きだすことができる。

本時の評価

・根から吸収した水の行方について、観察、実験などを行い、得られた結果を基に考察する中で、体のつくり、体内の水の行方について、より妥当な考えをつくりだし、表現している。思②

準備するもの

・色水で体が染まっている植物
（前時から実験で用いている植物）
・カッターナイフ　　　・カッターマット
・デジタルカメラ（タブレット型端末）
・虫眼鏡　　　　　　　・顕微鏡

| 問題 | 根から取り入れられた水 |

1 → 実験結果

班	1	2	3
植物	ホウセンカ	ホウセンカ	ホウセンカ
葉			
くき			
根			

授業の流れ ▷▷▷

1 根、茎、葉の色の変化を観察する 〈15分〉

・根、茎、葉を切って、それぞれ数カ所でどのように染まっているか多面的に調べ、結果を記録する。
「結果をノートと黒板に書きましょう」
＊カッターナイフなどの刃物の扱いには十分に注意するようにする。
・生命尊重の観点から、実験に利用した植物をなるべく枯らさないように配慮する。

2 結果を交流する 〈15分〉

「各班で、どのような結果になりましたか」
・各班の結果を表にまとめ、全体で共有する。
・デジタルカメラで撮影した記録を班や学級全体で確認する。

は、植物の体のどこを通って、行きわたるのだろうか。

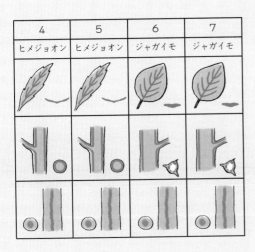

	4	5	6	7
	ヒメジョオン	ヒメジョオン	ジャガイモ	ジャガイモ

2
・すべての葉で、筋みたいな部分と付け根の部分がそまっている。
・すべてのくきで、下の方だけでなく、上の方も同じようにそまっている。
・どの根も、中がそまっている。
・植物の種類によって、そまっている部分がちがうところがある。

3 考察
色がそまっている部分を水が通っている。

4 結論

植物の根、くき、葉には根から取り入れられた水の通り道があり、水はここを通って、植物の体全体に行きわたる。

---

3 結果を基に自分の考えをノートに表現する　〈10分〉

「すべての班の実験結果が揃いました。これらの結果から、根から取り入れられた水は植物の体のどこを通って行きわたるかについて、分かることをノートに書きましょう」
・個人で考察する。「〜なったから、〜だといえる」など、事実と解釈をノートに表現する。

4 考察を話し合い、結論を導きだす　〈5分〉

この結果から〜だと思う

「根から取り入れられた水は植物の体のどこを通って行きわたると言えそうですか」
・複数の実験結果から、「多面的に考える」ことによって、より妥当な考えをつくりだす。
・「どの植物も根、茎、葉に水の通り道がある」といった「共通性」の視点や「植物によって、水の通り道は少し異なる」といった「多様性」の視点で植物を捉え、結論を導きだす。

第⑥時

葉まで運ばれた水がその後どうなるか予想して、調べる

本時のねらい
・植物の体のつくりと働きに着目して、葉まで運ばれた水はその後どうなるか話し合い、主体的に調べようとすることができる。

本時の評価
・葉まで運ばれた水の行方についての事物・現象に進んで関わり、粘り強く、友達と交流しながら問題解決しようとしている。態①

準備するもの
・植物（ホウセンカなど）　　・移植ごて
・自動上皿はかり　　　　　　・三角フラスコ
・ポリエチレンの袋　　　　　・モール
・デジタルカメラ（タブレット型端末）
・ラップ
・フラスコに印を付けるテープ

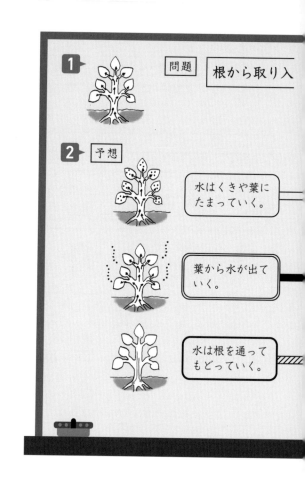

授業の流れ ▷▷▷

1 葉まで運ばれた水がその後どうなるかについて話し合い、予想する〈10分〉

・葉まで運ばれた水はどうなるかについて、植物の体のつくりと働きに着目して話し合い、問題を見いだす。

「葉まで運ばれた水は、その後どうなるのか、自分の考えを絵や言葉で表しましょう」

・葉まで運ばれた水のその後が分かるように、色をつけたり、矢印を書き入れたりして、自分の考えをノートに表現する。

2 予想を話し合う　　　　〈10分〉

・予想を比較しながら分類・整理する。
・「どの植物も根、茎、葉に水の通り道があったから、どの植物も主に葉から出ているのではないか」といった視点（共通性）や、「植物によって水を吸い上げる速さが違ったから、葉から出る水の量も違うのではないか」といった視点（多様性）で植物を捉えて予想し、話し合う。

られて葉まで運ばれた水は、その後、どうなるのだろうか。

3

実験方法	同じにする条件
① 晴れた日に、同じくらいの大きさの植物を2つ選び、一方の葉を全部とる。 ② 植物全体の重さを量る。 ③ フラスコに水と植物を入れ、それぞれの植物にポリエチレンのふくろをかぶせ、モールで口をしばる。 ④ フラスコ内の水が蒸発しないようにラップでおおう。 ⑤ フラスコの水面に印を付ける。 ⑥ しばらくしてから、ふくろの中の様子と水面の位置を観察する。 ⑦ 植物全体の重さを量る。	・植物の種類 ・葉の大きさ ・ふくろの大きさ ・ふくろをかぶせる時間 **変える条件** ・葉

結果の見通し

	ふくろの中	水面の位置と実験後の植物の重さ
	2つとも変化がないと思う。	2つとも水面の位置は下がり、重さは重くなっていると思う。
	「葉あり」は水があり、「葉なし」は、水がないと思う。	「葉あり」の水面の位置は下がり、重さは変わらないと思う。「葉なし」の水面の位置、重さも変わらないと思う。
	2つとも変化がないと思う。	2つとも水面の位置、重さも変わらないと思う。

---

3 予想や仮説を基に
解決の方法を発想する 〈15分〉

「どのような条件を同じにして、どのような条件を変えればよいか考えましょう」

・「条件を制御する」といった考えを働かせて、解決の方法を発想し、ノートに表現する。
・制御すべき要因と制御しない要因を区別しながら、計画的に実験を行うことができるように助言する。
・結果の見通しについて話し合う。

---

4 発想した解決の方法で
実験の準備をする 〈10分〉

「どのような植物で実験しますか」

・「共通性・多様性」の見方を働かせて、実験に用いる植物を決める。数種類の植物で実験して、多面的に調べる。
・気温が高い晴れの日を選んで実験すると、短時間で結果がはっきり確認できる。
・変化が捉えやすいように、デジタルカメラで記録する。

第⑦時

実験結果を基に、葉まで運ばれた水がその後どうなるかについて考える

本時のねらい
・前時でまとめた実験計画を基に、観察、実験などを行い、得られた結果から考察し、蒸散について捉えることができる。

本時の評価
・根、茎及び葉には、水の通り道があり、根から吸い上げた水は主に葉から蒸散により排出されていることを理解している。知②

準備するもの
・自動上皿はかり
・デジタルカメラ（タブレット型端末）
・白い花が咲いている植物（ホウセンカなど）
・ビーカー　　・鉄製スタンド　　・モール
・2色の色水（赤色、青色の切り花用の染色液など）

問題　根から取り入れられて葉まで

1　実験結果

班		1	2
	植物	ホウセンカ	ホウセンカ
葉あり	ふくろの中	水あり	水あり
	水面の位置	下がった	下がった
	実験前後の重さ	ほとんど変わらない	ほとんど変わらない
葉なし	ふくろの中	水なし	水なし
	水面の位置	ほとんど変わらない	ほとんど変わらない
	実験前後の重さ	ほとんど変わらない	ほとんど変わらない

2　考察
・どの植物も実験後の重さはほとんどまっていないと考えられる。
・どの植物も「葉あり」はふくろの中水てきがほとんど付いていなかった
・葉から水が流れ出てくるところは見出ていると考えられる。

結論　根から取り入れられた水は、主に葉か（このことを「蒸散」という。）

授業の流れ ▷▷▷

1　袋の中の様子、水面の位置、植物の重さを調べて記録し、結果を交流する　〈10分〉

・袋の中の様子、水面の位置、植物の重さを調べ、結果を記録する。
「結果をノートと黒板の表に書きましょう」
・生命尊重の観点から、実験に利用した植物をなるべく枯らさないように配慮する。
「各班で、どのような結果になりましたか」
・デジタルカメラで撮影した記録を班や学級全体で確認する。

2　結果を基に自分の考えをノートに表現して話し合い、結論を導きだす　〈20分〉

この結果から〜だと思う

「これらの結果から、根から取り入れられて葉まで運ばれた水のその後について、どのようなことが言えそうですか」
・個人で考察し、事実と解釈を表現する。
・複数の実験結果から、「多面的に考える」ことによって、より妥当な考えをつくりだす。
・「共通性・多様性」の視点で植物を捉えて、結論を導きだす。

運ばれた水は、その後、どうなるのだろうか。

2色の色水を吸わせてみよう

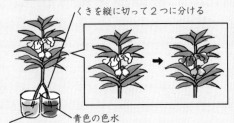

くきを縦に切って2つに分ける

赤色の色水　青色の色水

3	4	5	6	7
ホウセンカ	ヒメジョオン	ヒメジョオン	ジャガイモ	ジャガイモ
水あり	水あり	水あり	水あり	水あり
下がった	下がった	下がった	下がった	下がった
ほとんど変わらない	ほとんど変わらない	ほとんど変わらない	ほとんど変わらない	ほとんど変わらない
水なし	水なし	水なし	水なし	水なし
ほとんど変わらない	ほとんど変わらない	ほとんど変わらない	ほとんど変わらない	ほとんど変わらない
ほとんど変わらない	ほとんど変わらない	ほとんど変わらない	ほとんど変わらない	ほとんど変わらない

変わっていないので、水はくきや葉にた

に水てきが多く付いていて、「葉なし」は
ので、水は葉から出ていくと考えられる。
られなかったので、水蒸気として葉から

ら水蒸気となって出ていく。

気付いたこと、疑問に思ったこと

・くきからでも水を吸い上げる。
・吸い上げた水は花まで行きわたる。
・なぜ、色が混ざらないのかな。

| 問題 | なぜ、色水が混ざらずに、白い花が2色に変わるのだろうか。 |

予想　・くきの中にある水の通り道が関係していると思う。

---

3 2色の花に変化する様子を観察し、問題を見いだす〈5分〉

・白い花が2色の花に変化する様子を観察し、気付いたことや疑問に思ったことをノートに書く。
・植物の体のつくりと働きに着目して話し合い、問題を見いだす。
・花が染まるまで時間がかかるので、白い花が変化する様子を事前に撮影しておくことが考えられる。

4 予想や仮説を話し合う　〈10分〉

「茎から取り入れられた水は、植物の体のどこを通るか、自分の考えを絵や言葉で表しましょう」
・水の通り道に色をつけたり、矢印を書き入れたりして、自分の考えをノートに表現する。
・予想を茎と花ごとに話し合い、比較しながら分類・整理する。

色水が混ざらずに、白い花が2色に変わる理由を調べる

本時のねらい

・色水が混ざらずに、白い花が2色に変わるの理由について、植物の体のつくりと働きに着目して、主体的に問題解決することができる。

本時の評価

・植物の体のつくりと働きについて学んだことを学習や生活に生かそうとしている。態②

準備するもの

・色水で体が染まっている植物（前時の実験で用いている植物）
・カッターナイフ　　・カッターマット
・デジタルカメラ（タブレット型端末）
・虫眼鏡　　　　　　・顕微鏡

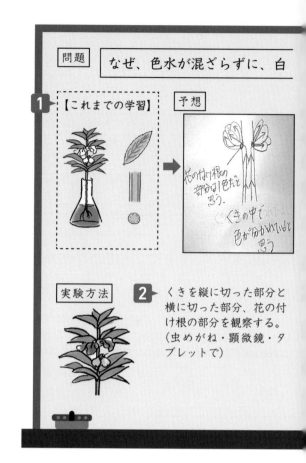

問題　なぜ、色水が混ざらずに、白

1 【これまでの学習】　　予想

2 くきを縦に切った部分と横に切った部分、花の付け根の部分を観察する。（虫めがね・顕微鏡・タブレットで）

実験方法

授業の流れ ▷▷▷

1 予想や仮説を基に解決の方法を発想する　〈10分〉

「どのようにすれば、自分の予想を確かめることができるか考えを書きましょう」
・個人で予想を確かめるための方法を考え、ノートに書く。
・第⑤時での学習を振り返ったり、撮影した記録を確認したりできるようにする。
・学級全体で解決の方法を話し合い、実験計画をまとめる。

2 茎と花の付け根の部分の染まり方を調べ、記録する　〈15分〉

・茎を縦に切った部分と横に切った部分、花の付け根の部分それぞれ数カ所でどのように染まっているか多面的に調べ、結果を記録する。
「結果をノートと黒板に書きましょう」
＊カッターナイフなどの刃物の扱いには十分に注意するようにする。

い花が2色に変わるのだろうか。

3 実験結果

班	1	2	3	4	5	6	7
花の付け根	◯◯	◯◯	◯◯	◯◯	◯◯	◯◯	◯◯
縦に切ったくき	‖‖	‖‖	‖‖	‖‖	‖‖	‖‖	‖‖
横に切ったくき	◯	◯	◯	◯	◯	◯	◯

4

考察

⇒1色

⇒右と左に色が分かれている

⇒右と左に色が分かれている

結論

水の通り道は、細い管になっていて1本ずつ分かれているから、色水が混ざらずに、白い花が2色に変わる。

3 結果を交流する　〈10分〉

「各班で、どのような結果になりましたか」
・各班の結果を表にまとめ、全体で共有する。
・デジタルカメラで撮影した記録を班や学級全体で確認する。

この結果から〜だと思う

4 結果を基に考察し、話し合って結論を導きだす　〈10分〉

「これらの結果から、色水が混ざらずに、白い花が2色に変わる理由について、どのようなことが言えそうですか」
・個人で考察し、事実と解釈を表現する。
・複数の実験結果から、「多面的に考える」といった考え方を働かせて、より妥当な考えをつくりだす。
「問題に対する結論はどうなりますか」

生物と環境　B（3）　18時間扱い

単元の目標

　生物と水、空気及び食べ物との関わりに着目して、それらを多面的に調べる活動を通して、生物と持続可能な環境との関わりについて理解を図り、観察、実験などに関する技能を身に付けるとともに、主により妥当な考えをつくりだす力や生命を尊重する態度、主体的に問題解決しようとする態度を育成する。

評価規準

知識・技能	思考・判断・表現	主体的に学習に取り組む態度
①生物は、水及び空気を通して周囲の環境と関わって生きていることを理解している。 ②生物の間には、食う食われるという関係があることを理解している。 ③人は、環境と関わり、工夫して生活していることを理解している。 ④生物と環境について、観察、実験などの目的に応じて、器具や機器などを選択し、正しく扱いながら調べ、それらの過程や得られた結果を適切に記録している。	①生物と環境について、問題を見いだし、予想や仮説を基に、解決の方法を発想し、表現するなどして問題解決している。 ②生物と環境について、観察、実験などを行い、生物と環境との関わりについて、より妥当な考えをつくりだし、表現するなどして問題解決している。	①生物と環境についての事物・現象に進んで関わり、粘り強く、他者と関わりながら問題解決しようとしている。 ②生物と環境について学んだことを学習や生活に生かそうとしている。

単元の概要

　第1次では身近な食材に注目し、自然の生物のつながりについて捉える。

　第2次では、池や川などの水を採取し、水中の小さな生物を観察したり、それらを魚が食べていることを観察したりすることにより、生物には食う食われるという関係があることを捉えるようにする。第3次では、実験を通して、植物と酸素・二酸化炭素の関係について理解する。第4次では、これまでの学習を基に、植物や動物と環境との関わりについてまとめる。

　第5次、第6次では、人と環境との関わり方について調べ、持続可能な社会に向けて、これからどのように環境と関わっていくかを多面的に考えるようにする。

指導のポイント

(1)本単元で働かせる「見方・考え方」

　本単元は、「生命」についての基本的な概念等を柱とした内容のうちの「生物と環境の関わり」に関わるものである。子供が生物と環境の関わりに着目して複数の食物連鎖の事例から、自然のいたるところで多様な生き方をしている生物同士が「食う・食われる」という関係でつながっているといった

視点（共通性）などの「共通性・多様性」の見方を働かせてつながりを捉えるようにする。その際、生物と水及び空気との関わりや食べ物に着目した生物同士の関わりを多面的調べるようにし、自然の事物・現象を複数の側面から、より考え妥当な考えをつくりだし表現できるようにする。

⑵本単元における「主体的・対話的で深い学び」

　本単元には実験・観察が行いにくい学習内容も含まれるが、自分自身が環境と密接に関わっていることや、地球上に存在する多くの環境問題に気付けるようにすることで、自分自身の問題と捉えられるようになり、自分が環境とよりよく関わっていくためにはどうすればよいか主体的に考えられるようになる。また、これまでに学習した内容を基に、水や空気に着目して動物・植物が環境とどのように関わっているのかを考えたり、人が環境へ与えている影響について考えたりできるようにすることで、より学びが深まるようにする。

指導計画（18時間）　　詳細の指導計画は 💿 07-01参照

次	時	主な学習活動	評価
1	1	○カレーライスに使われている食材に着目し、食材のもとについて考える。	(思①)・(思②)
	2	○自然の生物のつながりを考える。	知②
2	3・4	○第5学年「動物の誕生」を振り返り、野生のメダカは何を食べているのかを予想する。 **観察1** 池の水中に小さな生物がいるかを調べる。 **観察2** 水中の小さな生物をメダカが食べる様子を観察する。 ○自然の池や川の生物のつながりについて話し合い、まとめる。	知④
3	5・6	○植物は、酸素をつくり出しているのか予想する。 **実験** ポリエチレン袋を植物にかぶせて、中の酸素や二酸化炭素の割合を測定する。 ○植物と酸素・二酸化炭素の関係を考察する。	思①
4	7・8	○植物や動物が水や空気を通して、環境と関わっていることに着目する。 ○植物や動物は、環境とどのように関わっているのかを図を使って整理してまとめる。	知①
5	9・10	○人が生活の中で、環境にどのような影響を与えているのかを予想する。	(知④)
	11	○水・空気・生物などの環境に、人がどのような影響を与えているのかを調べる。	思②
6	12・13	○これからも人や他の生物が地球で生きていくために、どのような工夫をしたり、努力をしたりしていけばよいか考える。	態①
	14	○「持続可能な社会」について学び、これまでの学習をふまえ、これからどのように環境と関わっていけばよいか考える。	知③
	15・16	○「持続可能な社会」をつくるために、自分たちができることを考える。	(態②)
	17・18	○環境の変化に対応するための工夫について理解する。	態②

人の食べ物のもとについて考える

本時のねらい

・人の食べ物のもとについて問題を見いだし、考えたことを話し合い、整理して、結論を導きだすことができる。

本時の評価

・人の食べ物のもとについて、問題を見いだし、表現している。（思①）
・人の食べ物のもとについて、カレーライスの食材を基に、より妥当な考えをつくりだし、表現している。（思②）

準備するもの

・カレーライスや、その食材、食材のもとや太陽の写真やイラスト
・飼料の写真資料

---

1 問題

私たちの食べ物のもとは何だろうか。

2 カレーライスの食材

・玉ねぎ　・じゃがいも　・にんじん
・肉（牛・ぶた・にわとり）　・米

4 結論

私たちは、植物を食べたり、動物を食べたりしている。食べ物のもとをたどると、植物に行きつく。

→自然の生き物のつながりは？

授業の流れ ▷▷▷

1 人や他の動物は養分をつくることができないことを確認する　〈5分〉

「植物は自分で養分をつくることができますが、私たち人はどうでしょうか」

・自ら養分をつくることのできる植物と人とを比較して、人は植物や動物を食べて養分を得ていること確認する。
・私たちが日ごろ食べているものは、動物や植物などの生き物であることを意識できるようにする。

2 食べ物のもとは何だろうかという問題を見いだす　〈10分〉

「みんながイメージしやすいカレーライスを例に考えてみましょう。一般的なカレーライスにはどんな食材が使われていますか」

・家庭によって食材が異なるので、玉ねぎ、じゃがいも、にんじん、肉、米などの一般的な食材を発表するように助言する。給食のカレーライスを例に考えるとイメージを共有しやすい。

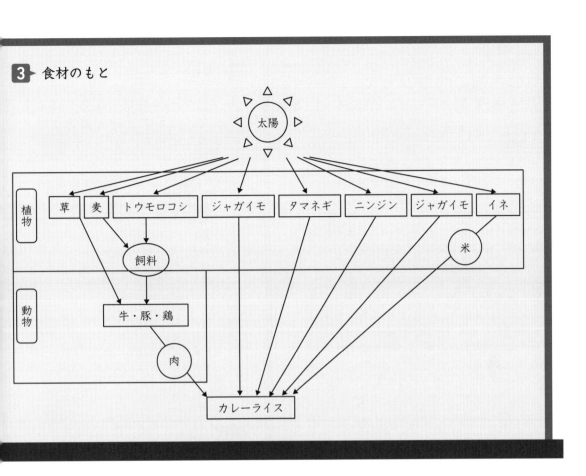

3 食材のもと

「植物」グループ: 草、麦、トウモロコシ、ジャガイモ、タマネギ、ニンジン、ジャガイモ、イネ

太陽 → 各植物
トウモロコシ・麦・草 → 飼料
飼料・草 → 牛・豚・鶏（動物）
牛・豚・鶏 → 肉
イネ → 米
肉・ジャガイモ・タマネギ・ニンジン・ジャガイモ・米 → カレーライス

3 カレーライスの食材のもとについて考える　〈15分〉

「食材は植物と動物に分けられますね。それらは何を取り入れて大きくなったのでしょうか」
・食材ごとに考えるようにする。
・植物は日光に当たって成長していることを捉えられるようにする。
・飼料をイメージできない子供のために、トウモロコシや麦などの穀物から作られていることを伝えたり、写真資料を見せたりする。

4 結論を導きだし、次時に向けて問題を見いだす　〈15分〉

「私たちは、植物を食べたり、動物を食べたりしていますね。本時を振り返って、結論をまとめましょう」
・動物も植物を食べることによって成長していることを捉えられるようにする。
「今回は人とその食べ物のつながりをテーマに学習しましたが、自然の生き物は、どのようにつながっているのでしょうか」

第②時

自然の生物のつながりについて考える

（本時のねらい）
・生物が食べる食べられるという関係で複雑につながっていることを捉えることができる。

（本時の評価）
・自然の生物のつながりについて考え、生物と生物の間には、食う食われるという関係があることを理解している。知②

（準備するもの）
・タカ、モズ、ミミズ、バッタ、カエル、イタチ、ネズミ、チョウの幼虫、落ち葉、草、チョウの幼虫が食べる葉※、木の実のイラストもしくは写真
※モンシロチョウならキャベツの葉、アゲハチョウ（ナミアゲハ）ならミカンの葉

---

1 問題

自然の生物は、養分を得る上で、ほかの生物とどのようにつながっているのだろうか。

予想

・植物を食べる動物は植物がつくりだした養分を取り入れて生きている。
・動物はいろいろな植物や動物を食べているが、そのもとは植物である。
→様々な生物のつながりを図で整理する。
→養分の流れを矢印で表す。

気付いたこと
・もとをたどると植物に行きつくね。
・イタチは動物を食べるけど、食べられる側になることもあるんだね。
・矢印が複雑にからみあっているね。

（授業の流れ）▷▷▷

1	前回の学習を振り返り、本時の問題を確認し予想する 〈7分〉

「前回の授業で、私たちは、養分を得る上で、様々な生物と関わっていることを学習しましたが、自然の中の生物はどのように関わり合っているのでしょうか」

2	モンシロチョウの幼虫を中心に、モズとキャベツの葉の関係を考える 〈3分〉

・例として、第3学年で飼育・観察したチョウの幼虫等とその餌や天敵の関係を学級全体で確認するようにする。
「（3つのイラストを板書に掲示して）これらの生物が自然の中でどのように関わり合っているか、養分の流れの向きを矢印を使って表してみましょう」

自然の生物のつながり

> 図は一例。児童の調べた内容にそって矢印をかく

3

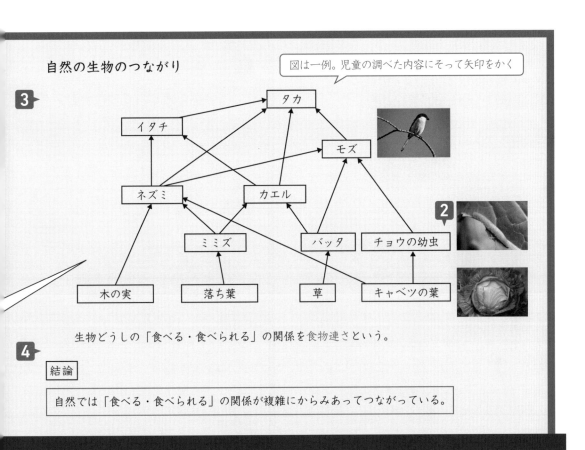

```
                    タカ
         イチチ
                         モズ
    ネズミ        カエル
          ミミズ      バッタ   チョウの幼虫
   木の実    落ち葉      草    キャベツの葉
```

生物どうしの「食べる・食べられる」の関係を食物連さという。

4

結論

自然では「食べる・食べられる」の関係が複雑にからみあってつながっている。

---

3 12種類の生物どうしの関係を
考えたり調べたりする 〈25分〉

「自然の中には多くの生物がいますが、これら12種類の生物のつながりを考えてみましょう」
・関係を知らないものについては調べられるようにする。
・インターネットで調べる場合は、関係を知りたい2種類の生物や、「天敵」というキーワードを入れると検索しやすい。
・結果を全体で交流し黒板で整理していく。

4 学習を振り返り、
結論を導きだす 〈10分〉

・単線の関係でなく、複数の矢印が複雑につながっていることに気付けるように助言する。
・食物連鎖について説明する。
「生物どうしの『食べる・食べられる』の関係のつながりを食物連鎖といいます」

第③／④時

メダカを中心とした水中の食物連鎖について調べる

本時のねらい

・水中の小さな生物を観察し、メダカのえさとなるような生物が自然の池や川にいることを調べることができる。

本時の評価

・メダカの食べ物について、生物を観察の目的に応じて器具や機器などを選択して、正しく扱いながら調べ、それらの過程や得られた結果を適切に記録している。知④

準備するもの

・メダカ　　　　　・野生のメダカの写真
・目の細かい網　　・ビーカー
・スライドガラスとカバーガラス
・顕微鏡（もしくは双眼実体顕微鏡）
[池や川での微生物採集が難しい場合]
・ボウフラ
・図書資料や教科書、インターネット

---

1 ▶ 問題

自然の池や川などにすむメダカは、何を食べているのだろうか。

予想

・自然の池や川の中にはメダカより小さな生物がいて、メダカはそれらを食べている。

調べたいこと

・池や川の中には小さな生物がいるか。
➡観察①　池から水を採取し、けんび鏡で調べる。

・（小さな生物がいれば）メダカはそれを食べるか。
➡観察②　メダカの水槽に入れて観察する。

授業の流れ ▷▷▷

1 第5学年のメダカの学習を振り返って問題を設定し、予想する　〈5分〉

・人から餌をもらっていない野生のメダカが何を食べているかという疑問をもてるようにし、問題を設定するようにする。
「5年生でメダカを飼いましたね。メダカは何を食べていましたか？」（メダカの餌）「（写真を見せて）これは自然の川などにいる野生のメダカです。何を食べているでしょうか」
・調べたいことを整理する。

2 顕微鏡で観察し、見つけた生物を同定する　〈50分〉

・池や川の水を目の細かい網で何度もすくい、網についたものをビーカーに洗い出し、プレパラートを作って顕微鏡で観察する。
＊採集には必ず教師が立ち会い、安全に十分配慮する。採集後は手洗いさせる。
・近くに適切な川や池がなく採集が難しい場合は、資料やインターネットを活用する。
・顕微鏡の使用方法を確認する。

2 観察① 採取した水に小さな生き物がいるかどうか調べる

結果

  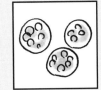

3 観察② メダカに小さな生物をあたえ、メダカが食べるかどうかを調べる。

結果

メダカがミジンコを食べた。

4 結論

自然の池や川で、メダカは水中の小さな生物を食べている。
水中でも、生物どうしが食物れんさでつながり合っている。

---

3 見られた生物をメダカに
与えてみる　　〈25分〉

・メダカを空腹状態にしておく。
・ミジンコなど、肉眼でも見ることができる生物を与えると食べる様子を観察しやすい。
・（採集が難しい場合）学校敷地内で蚊の多い場所があれば、バケツに水を入れて2～4週間程おいておくとボウフラ（蚊の幼虫）等が発生する場合が多い。それらが成虫になる前に回収して、メダカに与えることもできる。

4 学習を振り返って考察し、
結論を導きだす　　〈10分〉

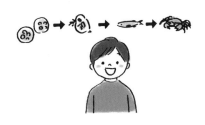

・小さな生物の間でも食物連鎖があることや、メダカもヤゴやザリガニやサワガニ等に捕食されることを助言する。
・外来種やその影響について説明する。
→元々いなかった生物が人の活動によって運ばれて、その地域に定着したものを外来種と言う。外来種によってそれまで保たれていた食物連鎖が崩れてしまうことがある。

第⑤／⑥時

植物と酸素・二酸化炭素の関係を調べる

本時のねらい

・植物の空気のやりとりについての予想や仮説を確かめる方法を考えることができる。

本時の評価

・空気を通した植物と環境との関わりについて問題を見いだし、予想や仮説を基に解決の方法を発想し、表現している。思①

準備するもの

・植物（ジャガイモやホウセンカなど）
・ポリエチレンの袋と袋の口をしぼるモールなど
・気体検知管（もしくは気体測定器）
・ストロー

---

1 問題

植物は、酸素をつくり出しているのだろうか。

予想

・酸素を出している。

・人のように酸素をとり入れて二酸化炭素を出している。

・日光がよく当たる植物は、たくさん成長することと関係があるかもしれない。

2 方法

・ポリエチレンの袋を植物にかぶせて、中の酸素や二酸化炭素の濃度を変化を調べる。

・日光がよく当たる場所と暗い場所の両方に植物を置いて比べる。

授業の流れ ▷▷▷

1 植物が行う空気のやりとりについて問題を見いだし、予想する〈10分〉

「ものを燃やしたり、動物が呼吸したりすると酸素が減って二酸化炭素が増えますが、どうして大気中の酸素や二酸化炭素の濃度は変わらないのでしょう」

・これまでの学習を振り返り、ものの燃焼や生物の呼吸があるにもかかわらず、酸素や二酸化炭素の濃度が一定に保たれていることに気付けるようにする。

2 解決方法を考え、実験する〈35分〉

・大気中の二酸化炭素濃度は非常に低い。二酸化炭素をとり入れているという予想を確かめるためには、呼気を吹き込んだりボンベを使用したりして二酸化炭素の濃度を高める必要があることに気付けるようにする。

・よく日光に当たる植物がよく成長することに気付けるように助言し、日光との関係にも着目できるようにする。

実験

①植物に袋をかぶせる。

②中に息を吹き込む。

③酸素と二酸化炭素の濃度を調べる。

④1時間後に再び酸素と二酸化炭素の濃度を調べる。

3 結果

	班	1	2	3	4	5	6
実験開始	酸素						
	二酸化炭素						
1時間後 （日光）	酸素						
	二酸化炭素		結果を書き込む				
1時間後 （暗い所）	酸素						
	二酸化炭素						

4 結論

日光の当たった植物は、空気中の二酸化炭素を取り入れて、酸素を出している。

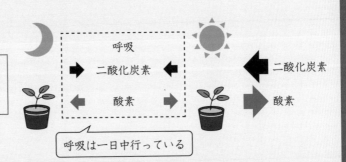

呼吸は一日中行っている

3 1時間後の結果を記録し、結果を全体で共有し考察する〈25分〉

・実験の精度や微妙な条件の違いにより班ごとの差は生じるものであることに気付けるようにし、全体の傾向から妥当な考えをつくりだせるようにする。

・実験を明るい場所で行ったものと、暗い場所で行ったものとでは結果に大きな差があることに気付くとともに、日光と植物の空気のやりとりとの関係に気付けるようにする。

4 学習を振り返り、結論を導きだす〈20分〉

・明るい場所での実験と、暗い場所での実験の結果から、より妥当な考えをつくりだせるようにする。

・日光が当たっているときも呼吸しているが、本実験で気付くことは難しい。呼吸で出すより多くの二酸化炭素を取り入れているため、結果として二酸化炭素を取り入れ酸素を出しているように見えることを助言する。

第⑦／⑧時

学習を振り返り、生物と環境の関わりを整理して捉える

(本時のねらい)
・これまでに学習してきた生物の空気や水を通した関係を捉えることができる。

(本時の評価)
・生物は、水及び空気を通して周囲の環境と関わって生きていることを理解している。知①

(準備するもの)
・ワークシート
・色鉛筆

---

1 生物の水分
　ネコ…70%
　リンゴの実…85%
　コイ…75%
　ヒト…60%（10%の水分が失われると命が危険）
　➡ 植物も動物も生きていくために、水や空気が必要

問題

　植物や動物は水や空気を通して、かん境とどのように関わっているのだろうか。

➡ これまで学習してきたことをもとに図に矢印をかいて関わりを表そう

・水　…青
・酸素…緑
・二酸化炭素…赤

(授業の流れ) ▷▷▷

1 生物には水や空気が必要であることを確認し、問題を見いだす 〈10分〉

・生物の水分の割合…ネコは約70%、リンゴの実は約85%、コイは約75%、ヒトは約60%。ヒトは10%の水分が失われると命が危険になる。
・生物の水分の割合を確認し、問題を見いだす。
「植物や動物は、空気や水とどのように関わり合っているのか、これまでの学習を振り返りながら図に整理しましょう」

2 酸素と二酸化炭素の行方を、矢印を使って図にまとめる 〈35分〉

・グループで、これまでの学習を振り返り、酸素と二酸化炭素を通した生物と環境の関係を図に表す。
・酸素は緑、二酸化炭素は赤などと矢印の色を変えると分かりやすくまとめられることを助言する。
・量の違いを矢印の太さで表現することも考えられる。

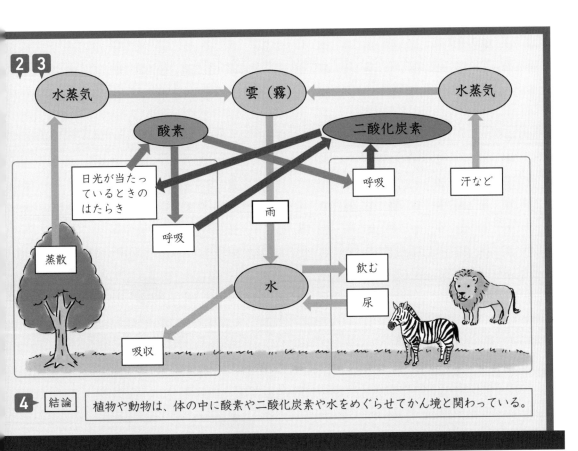

結論 植物や動物は、体の中に酸素や二酸化炭素や水をめぐらせてかん境と関わっている。

3 水の行方を、矢印を使って 図にまとめる 〈35分〉

・グループで、これまでの学習を振り返り、水を通した生物と環境の関係を図に表す。
・酸素や二酸化炭素と見分けやすいように、青色などの色を使ったり水蒸気の矢印を点線にしたりすると分かりやすくまとめられることを助言する。

4 学習を振り返り、 結論を導きだす 〈10分〉

・酸素や二酸化炭素も、水も動物や植物の体の中を出たり入ったりしながら、循環していることに気付けるように助言する。

第⑨／⑩時

人が環境に与えている影響について調べる

本時のねらい
・次の学習テーマ「持続可能な社会の構築」に向けて、人が環境に与えている影響について調べたりまとめたりすることができる。

本時の評価
・生物と環境について、調べるテーマに応じて調べる方法を選択しながら調べたり適切にまとめたりしている。（知④）

準備するもの
・図書資料
・コンピュータ（タブレット型端末）
・調べたことをまとめる大型の用紙
・留意点についての掲示物

1 問題

人は生活の中で、かん境にどのようなえいきょうを与えているのだろうか。

2 予想

・水質お染　　　・大気お染
・地球温暖化　　・森林ばっ採
・地ばんちん下

どのようなえいきょうを与えているのか調べよう

授業の流れ ▷▷▷

1 問題を見いだす ⟨5分⟩

「私たちは、自然のめぐみを受け、環境と深く関わり合いながら生活しています。その結果、環境にどのような影響を与えていると思いますか」
・人は他の生物に比べてはるかに大きな影響を与えていることに気付けるようにする。

2 予想する ⟨10分⟩

・子供の予想は多岐にわたると考えられる。分類しながら板書していく。
・ここで示しているテーマはあくまでも一例である。子供とともに予想を整理し、調べるテーマを決めるようにする。

3 調べるテーマ

・水へのえいきょうについて
水田 倉富 辻 濱本
北村 今邑 加藤 佐々木

・空気へのえいきょうについて
木下 岡田 野口 大洲 橘
永田 工藤 日下部

・森林へのえいきょうについて
古川 渡辺 榊田 原田
平井 加藤

・他の生物へのえいきょうについて
岩本 鐙 土屋 尾上
藤井 高屋 下吉 松田 尾方

名札を貼る

4 調べる方法

図書資料
インターネット
新聞

ポスターに
まとめる。

気をつけること
・だれ（どこ）が発信している情報なのか。
　➡信頼できる情報か。
・引用もしくは参考にした本やホームページなども明らかにする。
・複数の資料から情報を得る。
・文字だけでなく図や写真、グラフなども使って分かりやすくまとめる。
　➡発表を聞く友達にも分かりやすいようにまとめる。

掲示する

3 予想をもとに調べるテーマを定め、メンバーを決める 〈10分〉

・調べたりまとめたりする活動は、学級の実態に応じていくつかのパターンがある。普段の班ごとに調べる方法、普段の班から始まるジグソー型、関心のある分野ごとにグループをつくる方法（人数にばらつきがあってもよい）などが考えられる。
・環境への影響を多面的に捉えられるようにしたい。

4 調べる方法や留意点について確認し、テーマについて調べてまとめる 〈65分〉

・調べ学習に入る前に「気をつけること」を指導する。これは第⑫・⑬時でも確認するので、紙に書いて掲示するようにするとよい。
・大人向けに発信されている情報をそのまま引用して発表しても理解が難しく交流は深まらない。子供向けの図書資料も活用も勧める。

第⑪時

人が環境に与えている影響について理解する

本時のねらい

・次の学習テーマ「持続可能な社会の構築」に向けて、人が環境に与えている影響について調べて考察し、結論を出すことができる。

本時の評価

・人と環境との関わりについて、テーマに応じて調べ、人が環境に与えている影響について、より妥当な考えをつくりだし、表現している。思②

準備するもの

・図書資料
・コンピュータ（タブレット型端末）
・調べたことをまとめる大型の用紙

1 問題 | 人は生活の中で、かん境

水へのえいきょう **海洋プラスチック問題**

利用後のプラスチックが処理されずかん境に流出して多くの生物に影響を与えている。
流されて海に流れつくことが多い。

水へのえいきょう **海や湖や川の水質汚染**

人の活動により、自然の水が汚れ、水中の生物に大きなえいきょうを与えている。

・下水処理が整っていない地域の生活はい水や工場の排水
・工場や農地での薬品
・船の事故

しょうゆ	×1.5
みそしる	×4.7
牛乳	×9.4
ジュース	×13

魚がすめる水質にするために必要な水の量

授業の流れ ▷▷▷

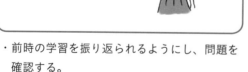

1 前時を振り返り、問題を確認する 〈2分〉

・前時の学習を振り返られるようにし、問題を確認する。
・本時の学習のタイムスケジュールを説明する。

2 調べてわかったことをポスターにまとめる（前時の続き）〈18分〉

「聞き手にとって分かりやすいポスターや発表内容になっているでしょうか」

・分かりやすくなっているか確認しながら仕上げるように助言する。

にどのようなえいきょうを与えているのだろうか。 **2 3**　　**4** 結論

空気へのえいきょう 酸性雨

自動車の排気ガスや工場から出る成分が大気中で有害物質になり、雨に溶け込む。

生物へのえいきょう 外来種問題

もともとその地域にいなかったのに、人間の活動によって持ち込まれた生物を外来種という。もともとの自然かん境や野生生物に悪えいきょうをおよぼしている。

アライグマ	セアカゴケグモ	セイヨウタンポポ

空気へのえいきょう PM2.5

大気中にある2.5マイクロメートル（1mmの400分の1）以下のとても小さな汚せん物質

・とても小さく人の肺の奥深くに入り込み、健康に悪えいきょう
　➡ ぜん息、気管支炎、肺がんなど

・粒が非常に小さいので、風にのって遠くまで運ばれる。

原因
自動車や工場や石炭発電所からのはいガスや火山から発生

森林へのえいきょう 森林の減少

世界の森林が急速に減少している。

森林の役割…二酸化炭素の
　　　　　　吸収・貯留
　　　　　　他の生物の多様性
　　　　　　を保つ
　　　　　　土地のほうかいを防ぐ
　　　　　　水を貯える（天然のダム）

原因…ばっ採（燃料用、木材用、土地を使うため）
　　　焼き畑農業
　　　森林火災

人の活動は、地球の空気や水、他の生物などのかん境に大きなえいきょうを与えてきた。かん境にえいきょうを与えることで、他の生物が生きにくくなったり、私たちの生活にえいきょうが出たりすることもある。

➡ どうすればいいのだろうか？

---

3 調べたことを発表し、交流する 〈20分〉

・一方的な発表でなく、質問や意見などの交流が活発になるように支援する。また、その内容を発表用の用紙に書き加えていくようにする。

4 学習を振り返り、結論を導きだす 〈5分〉

・より妥当な考えとして、人は命をつなぐために最低限必要なもの以外に、快適や便利さを追求して活動しており、それが環境に大きな影響を与えていることや、それにより人も含め多くの生物の暮らしに影響が出ていることに気付けるようにし、次時の問題へつながるようにする。

第⑫／⑬時

持続可能な社会の構築に向けて
人はどうすればよいか考える

（本時のねらい）

・生物と環境について学んだことや、調べて分かったことから、人が今後もよりよい生活を続けるために必要なことを理解し、自分たちの生活を見直すことができる。

（本時の評価）

・持続可能な社会の構築についてのテーマに進んで関わり、粘り強く、友達と交流しながら問題解決しようとしている。態①

（準備するもの）

・図書資料
・コンピュータ（タブレット型端末）
・調べたことをまとめる大型の用紙

---

1 問題　これからも人や他の努力をしたりしてい

➡将来生まれてくる人々が暮らしやすいかん境を残しながら、今を生きる人々も豊かに暮らす社会を「持続可能な社会」という。

2 調べるテーマ

・水を守るための工夫や努力
・空気を守る工夫や努力
・森林を守る工夫や努力
・他の生物を守る工夫や努力

（授業の流れ）▷▷▷

1 前次を振り返り、問題を設定する　〈5分〉

・前次の学習を振り返って問題を設定できるようにする。
・「持続可能な社会」について説明する。
・工夫により従来と比較して省エネタイプの電灯が開発されたとしても、付けっ放しなど不要な使用は環境に余計な負荷をかけることなどを例に、工夫の面だけでなく努力の面も考えていけるようにしたい。

2 調べるテーマを定める　〈5分〉

持続可能な社会

「持続可能な社会に向けて、どんなテーマで調べてみたいですか」

・前次にグループで調べたテーマを振り返るとテーマを絞りやすい。
・前次にグループで調べたテーマに合わせて、本次で調べるテーマを決定する方法もある。

生物が地球で生きていくために、人はどのような工夫をしたり、
けばいいのだろうか。

3 調べるメンバー　　　　　　**4** 調べる方法

・水を守るための工夫や努力
　海洋プラスチック➡北村　倉富
　　　　　　　　　加藤　濱本
　水質お染➡水田　今邑　辻　佐々木

・空気を守る工夫や努力
　発　電➡木下　大洲　橘　永田
　自動車➡岡田　工藤　野口
　　　　日下部

・森林を守る工夫や努力
　➡古川　榊田　平井　原田
　　渡辺　加藤

・他の生物を守る工夫や努力
　外来種➡鎧　土屋　佐々木
　　　　藤井　高屋
　森　林➡下吉　岩本　松田
　　　　尾方　尾上

図書資料
インターネット　➡　ポスターに
新聞　　　　　　　　まとめる。

気をつけること
・だれ（どこ）が発信している情報なのか。
　➡信頼できる情報か。
・引用もしくは参考にした本やホームページな
　ども明らかにする。
・複数の資料から情報をえる。
・文字だけでなく図や写真、グラフなども使っ
　て分かりやすくまとめる。
　➡発表を聞く友達（クラスメイト）にも分か
　りやすいようにまとめる。

第⑨／⑩時と同様に掲示する

---

3 調べるテーマごとに
メンバーを決める　〈10分〉

・前次でのグループ活動を想起できるように
し、学習の見通しをもてるようにする。
・前次の発表・交流の様子を振り返り、よりよ
い発表ができるように助言する。

4 調べる方法や留意点について確認し、
テーマについて調べてまとめる　〈70分〉

・第⑨／⑩時で扱った留意点について再確認で
きるようにする。
・科学技術を活用して周囲の環境に与える影響
を少なくする工夫や、普段の生活の中で工夫
や努力できることを考えられるようにする。
・環境への影響を小さくするための取組と、環
境を守る取組に分けて考えられるようにす
る。

第⑭時

持続可能な社会の構築に向けて
人はどうすればよいか理解する

（本時のねらい）
・生物と環境について学んだことや、調べて分かったことから、人が今後もよりよい生活を続けるために必要なことを理解し、自分たちの生活を見直すことができる。

（本時の評価）
・人は、環境と関わり、工夫して生活していることを理解している。知③

（準備するもの）
・図書資料
・コンピュータ（タブレット型端末）
・調べたことをまとめる大型の用紙
・掲示用の写真やイラスト

1 | 問題 | これからも人や他の生物 いけばいいのだろうか。

水を守るために　〇〇川流域の清そう活動

〇〇川の流域では、地域住民により清そう活動が行われている。毎回、多くのごみが回収されている。

また、自然学習センターが地元の小学生を対象に自然観察会を行って、自然環境の大切さを伝えている。

水を守るために　下水処理場

汚れた水を、きれいな水にして川へ流しています。

（授業の流れ）▷▷▷

1 前時を振り返り、問題を確認する　〈2分〉

持続可能な社会

「持続可能な社会をつくるために、どんな工夫や努力が考えられるでしょうか。前回決めたテーマで調べてみましょう」
・前次の学習を振り返って問題を確認できるようにする。
・本時の学習のタイムスケジュールを説明する。

2 調べてわかったことをポスターにまとめる（前時の続き）　〈18分〉

「聞き手にとって分かりやすいポスターや発表内容になっているでしょうか」
・分かりやすくなっているか確認しながら仕上げるように助言する。

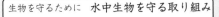

が地球で生きていくために、人はどのような工夫をしたり、努力をしたりして
～「持続可能な社会」をつくるために～

空気を守るために　クリーンな発電

火力発電のように石油や石炭を燃やすことなく、電気をつくる発電方法が注目されている。

太陽光発電　　風力発電　　水力発電

生物を守るために　水中生物を守る取り組み

海の生物を守るために様々な取り組みが行われている。

| 卵から育てた魚を放流している | 海辺の環境を守るために海辺を埋め立てないようにしている | 琵琶湖でブラックバスなどの外来種を減らす取り組み |

3

・空気や水をよごさない取り組みが大切。
・そもそもごみを正しく捨てれば、海洋プラスチック問題は大きく改善できるのに…。

空気を守るために　かん境へのえいきょうが少ない車

| ハイブリッド自動車 エンジンとモーターで走る車。これらを効率的に使い分け、もしくは組み合わせることでかん境への負担を小さくする。 | 電気自動車 自宅や充電スタンドで電気を充電して、電気でモーターを回して走る車。車からは二酸化炭素が出ない。しかし、発電所で発電するときに二酸化炭素が出ている。 | 燃料電池自動車 燃料電池は水素と酸素の化学反応から電力を取り出す発電機構で、これでつくられた電気でモーターを回して走る車。車からは二酸化炭素が出ないが水素を製造するときにかん境に負担がかかる。 |

・エコカーでも、乗ればかん境に負担をかける。
・公共の乗り物を利用する
・近いところは自転車を利用する

➡ 私たちの努力も大切である。

森林を守るために　植林活動

地球温暖化を防止したり、こう水などの災害を防いだり、豊かな海を育んだりすることが期待できる。

| 日本は木材消費大国 日本の国土の約70％が森林。しかし、木材のほとんどは輸入に頼っている。消費国として生産国を支援したり、ルールを決めたりしなければならない。 | 材木を切って売っている会社の人たちが、自分たちで植林を行うようになった。 | 漁師も植林を行っている！？ 豊かな森林は川や海の生命を育む |

4 結論

これからも人や他の生物が地球で生きていくために、人はかん境へのえいきょうを小さくしたり、かん境を守ったりするための工夫や努力が大切である。
➡ 私には何ができるだろうか？

---

3 調べたことを交流する　〈20分〉

・一方的な発表でなく、質問や意見などの交流が活発になるように支援する。その内容を発表用の用紙に書き加えていくようにする。
・批判的思考を働かせてより深く考えられるように助言する。（例）電気自動車からは二酸化炭素が出ないが、電気をつくる過程では二酸化炭素が排出されているので環境に負担をかけていないわけではない。

4 学習を振り返り、結論を導きだす　〈5分〉

・これまでの理科の学習を踏まえて、人々はどのように環境と関わっていくべきなのか、考察できるようにする。
・子供自身が環境とよりよく関わっていくためには日常生活でできることはないかと考えられるように助言し、次時の「これからも人が地球で暮らし続けるために、自分たちでできることを考えよう」につなげる。

第⑮／⑯時

「持続可能な社会」をつくるために、自分たちができることを考える

本時のねらい

・これまでの学習を振り返り、今の自分たちができることを考えることができる。

本時の評価

・生物と環境について学んだことを学習や生活に生かそうとしている。（態②）

準備するもの

・付箋
・付箋を整理する大きめの用紙

---

1 問題

これからも人が地球で暮らし続

2 かん境へのえいきょうを小さくするために
3
・食器の油よごれを紙でふき取ってから洗う。
・無だな電気を使わないようにする。
・水の出しっぱなしに気を付ける
・すだれをつけて冷ぼうを弱める
・かん境に優しい製品を買うようにする
・食材を使い切る
・食べ物を残さないようにする
・3R（リサイクル・リユース・リデュース）
・物を大切にする
・つめかえ商品を買うようにする
・使い捨て商品をなるべく使わないようにする
・エコクッキングを心がける

授業の流れ ▷▷▷

1 前時の学習の最後に見いだした問題を確認する 〈5分〉

・前時の学習を振り返り、問題を確認するようにする。
「これまで持続可能な社会をつくるために、人が工夫していることや努力していることを学習してきましたが、皆さんはかけがえのない地球の環境のためにこれからどんなことができると思いますか？」

2 自分ができることを調べたり考えたりして、グループで交流する 〈40分〉

・様々な交流方法が考えられる。各々が考えてきたことを付箋に書いて、大きめの用紙に貼りながら発表する方法もある。交流時に付箋を操作しながらグループの考えをまとめることが容易になる。
・机間指導をしながら、子供の交流の様子から**3**で行う分類の種類について考えておく。

けるために、私たちはどんなことができるだろうか。

他の生き物との調和を保つために
・ペットは責任をもって最期まで飼う。
・他の生き物や自然かん境のことをよく知る。
・ごみを正しく捨てる。
・野生動物に無責任にえさを与えない

かん境をよりよくするために
・清そう活動に参加する。
・植林運動に参加する。
・自然に関心をもち、科学を学び、かん境をよりよくできる大人になる

⬇ ⬇

4 結論

あらゆる生き物と私たちがこれからも地球で暮らし続けていくことができるように、かん境に関心をもつことや、取り組むことが大切である。

3 学級全体で交流する 〈30分〉

・分類方法を説明し、全体で発表・交流する。
・本板書例は「環境への影響を小さくするために」「他の生き物との調和を保つために」「環境をよりよくするために」の3種類に分類しているが、2の子供の交流の様子から適した分類の方法を考えるとよい。
・本板書例は実際に子供たちから出た意見を基にしている。

4 学習を振り返り、結論を導きだす 〈15分〉

・多くの「自分たちが今からできること」が見つけることができたことを振り返り、これからの地球のために自分事として実践していけるよう意欲をもてるようにする。

第⑰／⑱時

環境の変化に対応する工夫について知る

（本時のねらい）
・情報を活用して環境の変化を事前に予測し、受ける影響を少なくする工夫について考えようとすることができる。

（本時の評価）
・生物と環境について学んだことを学習や生活に生かそうとしている。態②

（準備するもの）
・コンピュータ（タブレット型端末）
・図書資料
・調べたことをまとめる大型の用紙

1　問題

かん境の大きな変化によって受けるえいきょうを小さくするために、人はどのような取り組みをしているのだろうか。

2　調べたいテーマ
・地震（15人）
　➡3グループ

・火山のふん火（8人）
　➡2グループ

・台風・大雨・こう水（13人）
　➡3グループ

（授業の流れ）▷▷▷

1　問題を設定し、調べるテーマを決定する　〈10分〉

「私たち人類は長い歴史の中で、地震や火山の噴火、台風などの環境の大きな変化により、大きな影響を受けてきました。しかし、技術の進歩によりその影響を少なくする方法や取り組みが生み出されてきています。その方法や取り組みには、どのようなものがあるのでしょうか」
・これまでに学習してきた地震や火山の噴火、台風などをテーマに設定すると考えやすい。

2　環境の大きな変化に対応するための工夫について調べる　〈50分〉

・調べるテーマでグループをつくり、インターネットや図書資料を使って調べてまとめる。
・地震という大きなテーマの中にも、「揺れから建物を守る取り組み（耐震・免震）」や「地震を事前に知らせる取り組み（緊急地震速報）」や「津波に対する取り組み」などの小テーマを設定することもできる。
・要点をポスターにまとめるようにする。

3 えいきょうを小さくするための取り組み

地震	火山	台風・大雨・こう水
建物を守る取り組み ・耐震 ・免振	火山のふん火を事前に予想する取り組み ・気象庁	台風に対する取り組み ・天気予報 ・事前の備え
地震を知らせる取り組み ・緊急地震速報 ・地震に関する研究	備えるための取り組み ・ハザードマップ	大雨に対する取り組み ・天気予報 ・スマホ等への情報発信
津波に対する取り組み ・ハザードマップと 　避難訓練 ・津波避難施設		こう水に対する取り組み ・地下トンネル ・てい防と河川しき

4 結論

人は、技術や情報を活用して、かん境から受けるえいきょうを小さくする工夫をしている。

---

3 調べた結果を学級全体で共有する 〈20分〉

・各グループの発表は、次の2つの要点の紹介のみに絞るようにする。
①影響を小さくするために、どのような取り組みが行われているのか。
②それにより、どのような効果が期待できるのか。

4 学習を振り返り、結論を導きだす 〈10分〉

・人は環境の変化を事前に予測し、受ける影響を小さくするために、様々な技術や情報のネットワークを活用していることを捉えられるように助言する。

8 土地のつくりと変化　B (4)　11時間扱い

単元の目標

　土地やその中に含まれている物に着目して、土地のつくりやでき方を多面的に調べる活動を通して、土地のつくりや変化についての理解を図り、観察、実験などに関する技能を身に付けるとともに、主により妥当な考えをつくりだす力や主体的に問題解決しようとする態度を育成する。

評価規準

知識・技能	思考・判断・表現	主体的に学習に取り組む態度
①土地は、礫、砂、泥、火山灰などからできており、層をつくって広がっているものがあることや、層には化石が含まれているものがあることを理解している。 ②地層は、流れる水の働きや火山の噴火によってできることを理解している。 ③土地は、火山の噴火や地震によって変化することを理解している。 ④土地のつくりと変化について、観察、実験などの目的に応じて、器具や機器などを選択し、正しく扱いながら調べ、それらの過程や得られた結果を適切に記録している。	①土地のつくりと変化について、問題を見いだし、予想や仮説を基に、解決の方法を発想し、表現するなどして問題解決している。 ②土地のつくりと変化について、観察、実験などを行い、土地のつくりやでき方について、より妥当な考えをつくりだし、表現するなどして問題解決している。	①土地のつくりと変化についての事物・現象に進んで関わり、粘り強く、他者と関わりながら問題解決しようとしている。 ②土地のつくりと変化について学んだことを学習や生活に生かそうとしている。

単元の概要

　第1次では、路頭の観察やボーリング試料などを基に、自分たちの住んでいる土地の地層について調べる。

　第2次では、地層がどのようにできあがってきたのかを予想し、実験方法を考え、問題解決に取り組む。礫、砂、泥、火山灰などを集めて流水実験を行う際には、堆積する順番や構成物の広がりを記録し、土地のつくりや変化について、より妥当な考えをつくりだすようにする。

　第3次では、地震や火山の噴火による土地の変化についてグループごとに調べて発表する活動を通して、自分の考えをまとめる。

指導のポイント

⑴本単元で働かせる「見方・考え方」

　土地のつくりや変化について、身近にある露頭を観察しに行ったり、映像、模型、標本などを活用したりすることが考えられる。自分たちの暮らしている場所がどのように作られたのか（部分）、土地の広がりを資料で読み取る（全体）ことで、地層のつくりについてさらに理解を深めるようにする。また、第5学年の「流れる水の働きと土地の変化」を関連させることによって、どのくらいの年月を

かけて土地のつくりが広がっていったり、変化していったりしたのかを「時間的・空間的」な見方を働かせて、より妥当な考えをつくりだすことが考えられる。様々な要因から土地のつくりや変化を捉えられるように様々な資料や実験結果を分析し、多面的に考えをつくりだすことができるようにする。

⑵**本単元における「主体的・対話的で深い学び」**

　土地のつくりや変化は、長い年月をかけて起こる現象である。モデル実験を行う際に、時間的に切り取った実験であること意識して実験できるようにする。社会科の歴史との関連付けや博物館や資料館などの施設との連携を図りながら、自分たちの追究している内容が日常生活とどのように結び付いているのかを大切にする。自分事として土地のつくりや変化が捉えられるよう、想定できる内容を学級や少人数グループで話し合う活動を取り入れられるようにする。

指導計画（11時間）　　詳細の指導計画は 💿08-01参照

次	時	主な学習活動	評価
1	1	○露頭の観察や画像を基に、自分たちの住んでいる土地の下も同じようなつくりになっているのか話し合い、興味をもつ。	（思①）
	2	○自分たちの住んでいる土地の地層がどのようになっているのか、露頭の観察やボーリング試料などを基に調べる。	知①
	3	○ボーリング試料などを基に、隣接している地域の地層のでき方や構成物にどうして違いが出るのか考える。	思①
2	4・5	○自分たちの住んでいる土地の地層がどのようにできあがったのか予想する。 ○予想した内容を話し合い、予想を確かめるための実験方法を考える。 **実験** いくつかの礫、砂、泥を集めて流水実験を行い、どのように堆積するのか観察する。	知④
	6・7	○実験結果を基に、土地の作られ方について、より妥当な考えをつくりだし、資料にまとめる。	知②・思②
	8	○他の地域の資料を読み取り地層の広がりについて、考えをもつ。	態② （知①）・（知②）
3	9・10	○地震や火山の噴火による土地の変化について予想を立て、調べる方法を考える。 ○地震や火山の噴火など自分が選んだものについて調べ、資料を作成する。	態①
	11	○土地のつくりと変化について調べたことを発表し、自分の考えをまとめる。	知③・（思②）

第①時

自分たちの土地の下はどのようなつくりになっているのか話し合う

【本時のねらい】
・露頭の観察や写真を基に、普段生活している地面の下は、どのような土地のつくりになっていて、どのようにできあがっていったのかについて問題を見いだすことができる。

【本時の評価】
・自分たちの土地のつくりについて、問題を見いだし、表現している。（思①）

【準備するもの】
〈露頭の観察が可能な場合〉
・スコップ　　　　　・ビニール袋
・タブレット型端末など記録に残せるもの
〈露頭の観察が不可能な場合〉
・露頭の写真（様々な地域）

ろ頭の観察や画像を基に、自分たちの土地の下はどのようなつくりになっているのか話し合おう。

1
・きれいなしま模様の層になっている。

・何段もの層になっている。

・いろいろな種類の砂で層ができている。

・層によって色が変わっている。

3
画像と同じようなつくりになっている。
・自分たちの住んでいる地域は昔は海だったと学習した。
・一部の地域だけがしま模様のようになっているのはおかしい。

【授業の流れ】▷▷▷

1 自分たちの住んでいる土地のつくりについて話し合う 〈10分〉

・写真を基に、地面の下はどのような土地のつくりになっているのか、「空間的」な見方を働かせる。
「実際に露頭の観察に行ったり、他の地域の写真を見たりして、自分たちの下にはどのような土地が広がっていると思いますか」
・校外学習として露頭の観察に出かける場合は、第①時以外の授業の時間に行う。

2 自分の予想をノートにまとめる 〈10分〉

・学級全体で話し合われたことを基に、個人で自分の予想や疑問をノートにまとめる。
「授業のはじめに見た写真のような層が、自分たちの住んでいる下にも広がっていると思うか予想してみましょう」

---

4 土地のつくりが分かるボーリング試料

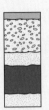

2

→ 自分たちの住んでいる土地の下も
同じようなつくりになっているの
かな。

土地が何でできているのか、構成物の試料。
・砂岩・泥岩・礫岩など

⟷ 自分たちの住んでいる場所は違うつくり
になっている。
・地域が違えば、つくられ方も違うはず。
・きれいなしま模様にはなっていない。

自分たちの住んでいる土地の様子や構成
物はどのようになっているのだろうか。

---

3 学級内で予想を共有し、
考えを広げる 〈15分〉

・個人で予想したことを基に学級内で話し合
い、いろいろな考え方や土地の作られ方があ
ることを知る。
「予想したことを発表してください」
・なぜそのような考えに至ったのか根拠ととも
に説明できるようにする。

4 学習の見通しをもつ 〈10分〉

・次の時間にどのような資料があれば自分たち
の疑問が解決できるのか学級で話し合う。
「実際に地面の下がどのようになっているのか
知るためにどのような資料が必要ですか」
・自分たちの住んでいる土地と、教師が提示し
たような写真の土地がつながっているのかを
考える。

第②時

土地の構成物について調べた
ことをまとめる

（本時のねらい）
・土地の構成物について資料の読み取り方や構成物の種類について知ることができる。

（本時の評価）
・土地は、礫、砂、泥、火山灰などからできており、層をつくって広がっているものがあることを理解している。知①

（準備するもの）
・ボーリング試料
・火山灰（写真）
・柱状図
・砂岩（写真）
・泥岩（写真）
・礫岩（写真）
　（学校に様々な構成物の標本がある場合は用意する）

問題

自分たちの住んでいる土地の様子や構成物はどのようになっているのだろうか。

　1

2　砂岩

3　様々な種類の砂がどうして層になっていくのかな。

火山のふん火で飛んでくる石の種類がちがう。

海の近くの地域だったら、流れてくる砂の種類がちがう。

（授業の流れ）▷▷▷

1 ボーリング試料の読み取り方について知る　〈15分〉

・露頭の観察や写真と関連付けながらボーリング試料の読み取り方を知り、自分たちの住んでいる土地の下にも層ができあがっていることを知る。
「試料を見て、どんなことが分かりましたか」
・土地の構成物には様々な種類があることを知る。

2 土地の構成物についてまとめる　〈10分〉

・ボーリング試料や柱状図を読み取る。
・構成物の標本がある場合には触れながら、構成物に興味がもてるようにする。
「自分たちの住んでいる土地の構成物にはどのようなものがありましたか」
・構成物の粒の大きさや特徴について分かったことをノートにまとめる。

泥岩　　　れき岩　　　火山灰

まとめ

土地の構成物にはいろいろな種類があり、つぶの大きさや色が少しずつちがう。

4
・ふん火に飛んでくる灰が届く地域と届かない地域がある。
・海に近い地域とそうでない地域で、構成物の種類が異なる。
・地しんや火山のふん火でゆれることで層が変わる。

風でいろいろな地域から飛んでくるのが何年間も続いたから。

新たな問題

りん接している地域の地層のでき方や構成物にどうしてちがいがあるのだろうか。

---

3 土地のでき方について考える 〈10分〉

・自分たちの住んでいる地域のボーリング試料を基に、学習のはじめに観察した露頭の様子や写真のような層がどのようにしてできていくのか考える。

「いろいろな種類の構成物がどのようにして層になっていくのか考えましょう」

4 地域によって、層が異なる要因を考える 〈10分〉

・隣接している地域と、自分たちの住んでいる地域とでは、土地の構成物や層の形が異なる要因を考える。

「地域によって層のでき方が異なっているのはなぜでしょうか」

・地震や噴火などの自然災害が関連している発言を取り上げて話し合う。

第③時

隣接している地域の地層のでき方や構成物に違いが出る理由を考える

本時のねらい
・いくつかの資料を比較して、地層のでき方の違いに着目しながら、どの場所でも地層がつくられていることを知り、その理由について考えることができる。

本時の評価
・土地のつくりとでき方について、問題を見いだし、予想や仮説を基に、解決の方法を発想し、表現するなどして問題解決している。思①

準備するもの
・自分たちの地域のボーリング試料や柱状図
・他の地域のボーリング試料や柱状図

問題

りん接している地域の地層のでき方や構成物にどうしてちがいがあるのだろうか。

1

授業の流れ ▷▷▷

1 自分の地域と他の地域を見比べ、差異点や共通点を見つける 〈10分〉

・今まで学習した資料の読み取り方を生かして、疑問に思ったことについて発表する。
「二つの資料を見比べて考えたことはありますか」

2 地域の特徴によって構成物にどのような違いが出るのか個人で予想する 〈10分〉

・地域の標高に着目して考えられるよう、空間的な見方を働かせる。
・海の近くや川の近くなど、地域の特徴と構成物の違いに着目できるようにする。
「どうして地域によって層のでき方や構成物が違ってくるのか予想しましょう」
・まずは個人で考え、ノートに書く。

2 気付いたこと

地層ができていることはどこの地域にも共通している。	高い位置に貝殻みたいな海にあるようなものが埋まっているのはどうしてだろう。	高い位置にある地層は、よく資料を見てみると同じ構成物になっていることが多い。	もしかしたら、水の働きや地しんによって変わってしまったのかな。

3
- 高い位置にある地層は、火山灰が残っている。

- 火山の近くに火山灰は比かく的残っている。

- 海の近くになると、つぶの細かい構成物がある。

- つぶの大きな構成物は深いところに重なっている。

- つぶの細かい構成物は上の方に重なっている。

クラスの予想

水や川の流れと火山のふん火が地層のつくりに関係しているかもしれない。

3 個人で予想したことを基に
学級全体で話し合う 〈15分〉

「ノートに書いた自分の考えを共有しましょう」
- 構成物や層のでき方の違いと、地域の特徴を関係付けて考えることができるよう、「空間的」な見方を働かせる。

4 学級としての予想をまとめる
〈10分〉

- 現時点での地層のでき方について妥当な予想を学級でつくりだす。
「今の時点で確実な予想としてはどんなことが言えるでしょうか」
- 次時に、学級で立てた予想を基に、実験計画を立てることを伝える。
「では、地層のでき方について、予想を基に実験の計画を立てましょう」

第④／⑤時

地層のでき方を予想し、実験計画を話し合い、調べる

本時のねらい

・ボーリング試料や地層の構成物についての写真を基に、地層のでき方について予想し、それを確かめるための実験方法を考え、調べることができる。

本時の評価

・地層のでき方について、器具などを正しく扱いながら調べ、それらの過程や得られた結果を分かりやすく記録している。知④

準備するもの

・ボーリング試料　　・地層の写真
・水を流すための雨どいを半分に切ったもの
・種類（粒子）の異なる砂3〜4種類
・堆積した砂を溜める容器
・丸水槽　　　　　　・タブレット型端末
・ワークシート　　　・ホワイトボード

---

1 問題

しま模様のような地層はどのよ

2 予想

流れる水のはたらきで、しま模様ができると思う。

たい積するはたらきで、大きさのちがう砂が分かれてたい積していくと思う。

山中　菊池　笠井

授業の流れ ▷▷▷

1 ボーリング試料や地層の写真を基に、個人で予想を立てる〈15分〉

・海の近くでできたとみられる地層の写真や地層の中の構成物が分かる資料を基に、地層のでき方について予想を立てる。
・一部分だけにできあがったのではなく、広い地域に広がっていること意識できるよう、「空間的」な見方を働かせる。

「このような縞模様の地層はどのようにしてできたのか予想しましょう」

2 予想を学級内で交流する〈15分〉

・自分の立てた予想を学級内で共有し、友達の意見を基に、多面的に考えられるようにする。
・長い年月をかけてできたものだという言葉を取り上げられるようにする。

「どのような予想を立てたのか、理由を付けて発表しましょう」

・名札を使って同じ予想（視点）の友達を確認する。

うにしてできるのだろうか。

名札を貼る

| 鳴川 | 塚田 | 鈴木 | 清原 |
| 藤枝 | 野内 | 遠山 | 三次 |

| 砂のつぶが大きいものから順に、重たいものが下にたい積していくと思う。

日置　村山　武村 | つぶの小さいものは上のほうにたい積して、広がっていくと思う。

奥井　蛇谷　直山 | つぶの大きいものは、あまり遠くまで行かないと思う。 |

3 方法

水で流す

たい積した砂をためる容器

粒の大きさが異なる3〜4種類の砂

4 流れる水のたい積するはたらきで、しま模様の地層ができたのか川の流れを意識して実験する。

3 個人で実験方法を考え、グループで共有する　〈30分〉

・まずは個人で予想を確かめるための方法を考え、ワークシートに書く。
「どのようにしたら堆積していく様子が見られるのか、5年で学習したときの実験を思い出して考えましょう」
　第5学年で学習した流水の作用（侵食・運搬・堆積）を全体で確認し、見通しをもって実験方法を考えられるようにする。

4 学級内で共有し、結果の見通しをもち、実験する　〈30分〉

・堆積の作用を再現する実験を個人で考え、グループで話し合った後、全体で話し合う中で1〜2つの方法に絞る。
「流した砂がどのように堆積していくのかも考えられるようにしましょう」
・予想が確かめられたときの結果を見通す。
「結果が自分の予想どおりだとしたら、どのように砂が堆積しているのか考えましょう」

第⑥／⑦時

実験結果を基に考察し、話し合う

（本時のねらい）
・流れる水の働きによって地層ができ上がる様子について、実験結果を基に自分の考えを表現することができる。

（本時の評価）
・地層は、流れる水の働きによってできることを理解している。知②
・地層のでき方について実験を行い、土地のつくりやでき方について、より妥当な考えをつくりだし、表現するなどして問題解決している。思②

（準備するもの）
・実験結果の写真や動画
　（堆積した砂の様子）
・タブレット型端末

1 問題
> しま模様のような地層はどのようにしてできるのだろうか。

考察
・砂の種類が違うと、同じつぶの大きさ同士で層がつくられていく。

4 結論
> しま模様のような地層

（授業の流れ） ▷▷▷

1 予想を確かめるために実験を行ったことを確認する 〈5分〉

・しま模様の地形が流れる水の働きでできるのかという問題を確認する。

「前の時間に、自分の予想を確かめるための実験を行いましたね。結果を整理してから考察しましょう」

2 前時に行った実験結果を発表し合う 〈7分〉

・グループの代表が、実験の様子を撮影した動画を用いて、実験結果を発表する。

「それぞれのグループで、どのような実験結果になったのか、共有しましょう」

2 予想

たい積する働きで、大きさのちがう砂が分かれてたい積していくと思う。	砂のつぶが大きいものから順に、重たいものが下にたい積していくと思う。	つぶの小さいものは上の方にたい積して、広がっていくと思う。	つぶの大きいものは、あまり遠くまで行かないと思う。

3 結果

砂の種類で層が分かれた	重たいものは下にしずんだ	遠くまで広がっていた	手前に集まっていた

・昔は海だったところに、地層ができていくことが考えられる。今地上に出てきている地層はどのようにして海から上がってきたのかな。

・砂がたい積していく順番は、重たいものから順番に重なっていき、最後はいちばんつぶが細かいものが上に来ている。

は、流れる水のはたらきによってできると考えられる。

---

3 実験結果を基に、個人で考察をする 〈18分〉

・個人で実験結果から考えたことを書く。
・流した砂の構成物や水の働きで地層ができたことについて書く。
・タブレット型端末を使って実験の様子を撮影した場合は、経過した時間も意識しながら書けるようにする。

「実験結果から、流れる水の働きで地層ができる様子について考察しましょう」

4 地層がどのようにしてできるのかまとめる 〈15分〉

「どのようなことが結果から考えられたのか発表しましょう」

・個人で考えた考察を基に学級全体で話し合い、結論を導きだす。
・友達の意見を聞きながら妥当な考えをつくりだせるようにする。

第⑧時

他の地域についても同じことが言えるのか、別の働きがあるのか話し合う

（本時のねらい）
・前時に考察したことを基に、他の地域にも同じことが当てはまったり、違う要因があったりすることを捉えることができる。

（本時の評価）
・土地のつくりと変化について学んだことを他の地域に当てはめて考えようとしている。態②
・地層には化石が含まれているものがあることを理解している。（知①）
・地層は、火山の噴火によってできることを理解している。（知②）

（準備するもの）
・柱状図（水に削り取られたことが分かるようなものだとよりよい）
・木の葉や海の生物の化石の写真
・火山灰や土地の変化が分かる写真

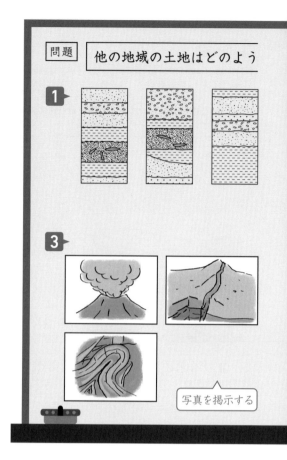

問題　他の地域の土地はどのよう

1

3

写真を掲示する

（授業の流れ）▷▷▷

1 いくつかの地点の柱状図を基に、どのような違いがあるのかを知る〈10分〉

・自分たちの住んでいる土地のつくりと、他の地域のつくりはどのような違いがあるのかを話し合う。
・分かったことをノートにまとめる。

「自分たちの住んでいる土地の様子と、他の地域ではどのような違いがありますか」

2 土地のつくりの違いについて全体で考える〈15分〉

・様々な地域の柱状図を基に、地面の下にいろいろな土地のつくりが広がっているという空間的な見方を働かせる。
・地域によって、土地の作られてきた経緯が少しずつ異なっているという「空間的」な見方を働かせる。

「土地に関する資料を総合するとどのようなことが言えそうですか」（多面的に考える）

につくられているのだろうか。

2

・地層の構成物にちがいがある。
・自分たちの地域と似たような地層のつくり
　になっている場所もある。
・山の近くには火山灰が多くふくまれている。
・化石が埋まっている層もある。
・地層がまっすぐになっていない地域がある。

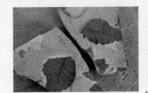

写真を掲示する

4 結論

> 地域によって様々なちがいはあるが、流れる水のはたらきによって、
> 地層はつくられていると考えられる。

新たな問題

> これらの現象と、土地のつくりにはどのような関係があるのだろうか。

3 土地のつくりに関係している現象について考えたことをノートに書く〈15分〉

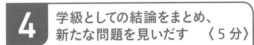

「流れる水の働き以外にはどのような現象が土地のつくりに関連していそうですか」
・火山灰の写真や地震による土地の変化が分かる写真や化石の写真を用意する。
・流水以外での土地のつくりの変化について関心をもった意見を取り上げる。
・地震や火山なども土地のつくりに関係していそうだと考えられるようにする。

4 学級としての結論をまとめ、新たな問題を見いだす 〈5分〉

「流れる水の働き以外にも土地のつくりに関係していることはありそうですか」
・土地のつくりには、流れる水の働き以外にも関係していることがあることに関心をもつことができるようにする。

第⑨／⑩時

地震や火山の噴火による土地の変化について予想を立て、調べる方法を考える

本時のねらい
・地震や火山の噴火が土地のつくりにどのような影響を与えているのかについて調べていこうとすることができる。

本時の評価
・地震や火山の噴火による土地の変化についての事物・現象に進んで関わり、粘り強く、友達と交流しながら問題解決しようとしている。態①

準備するもの
・土地が隆起している写真
・しゅう曲している写真
・断層がずれている写真
・液状化現象の写真
・火山が噴火している写真

---

1 問題

地震や火山のふん火によって土地のつくりはどのように変化していくのだろうか。

2 予想

・地震によって力が加わり、地層が曲がってしまったと思う。
・大きな地しんで地層がずれたと思う。

| 鳴川 | 塚田 | 鈴木 | 清原 |
| 藤枝 | 野内 | 遠山 | 三次 |

授業の流れ ▷▷▷

1 地震や火山の写真を見る　〈5分〉

・今まで学習した土地のつくりと地震や火山を関係付けて、地域による土地のつくりの違いについて考える。

「写真を見て、土地のつくりとどのような関係があると思いますか」

2 土地の変化と地震や火山の関係について予想を立て、学級で共有する　〈15分〉

・隆起やしゅう曲など地層がまっすぐになっていない様子や液状化の様子を見て、地震の影響について予想を立てる。
・火山灰が飛んでくる様子や、偏西風の流れを基に土地の構成物について予想を立てる。

「身近に起こる地震や火山の噴火は土地にどのような影響を与えていると思いますか」
・自分が調べたい内容に氏名札を貼る。

写真を掲示する

・火山がふん火すると、細かいつぶの灰が遠くまで飛んで、
　積もっていくと思う。

| 山中 | 菊池 | 笠井 |

3 ○グループごとに調べたことを
　ポスターセッション形式で
　まとめて、発表しよう。

3 グループを組み、
調べたことをまとめる　〈65分〉

・個人で立てた予想を基に、似たような予想を
　立てた者同士でグループをつくる。
「グループで調べたことを発表できるように準
備しましょう」
・本やインターネットを使って調べていくこと
　を中心に、発表までの見通しをもつ。

4 調べたことを次時に
発表する準備をする　〈5分〉

「次の時間には自分たちが調べてきたことが、
土地のつくりとどのように関係しているのか、
他の人にも伝わるように発表しましょう」
・地震や火山と土地のつくりについての視点で
　発表できるようにする。

第⑪時

地震や火山と土地のつくりについて自分の考えをまとめる

本時のねらい

・土地のつくりと変化についてポスターセッション形式で発表し、自分の考えをまとめることができる。

本時の評価

・土地は、火山の噴火や地震によって変化することを理解している。知③
・土地のつくりと変化について調べた内容を交流し、土地のつくりとでき方について、より妥当な考えをつくりだし、表現している。（思②）

準備するもの

・ホワイトボード
・指し棒
・自分たちの説明に使うための資料

問題

1 地しんや火山のふん火によって

〈火山〉
・富士山などのふん火によって、土地の構成物に火山灰がふくまれることがある。

2 　グループで作成した資料　　グループで作成した資料

・自分たちの住んでいる地域の地層は、長い年月をかけて、流れる水のはたらきによってつくられた。

4 結論

流れる水のはたらきだけでなく、地

授業の流れ ▷▷▷

1 調べた内容を交流し、最後に自分の考えをノートにまとめるという見通しをもつ 〈5分〉

・流れる水の働き以外に、地震や火山がどのように土地のつくりと関係しているのかという視点で発表を聞けるようにする。
「自分が調べたこと以外の発表があった場合、必ずメモを取っておきましょう」

2 火山について調べたグループが発表する 〈15分〉

・火山が原因となって、土地のつくりに変化を与えているという「原因と結果」の見方を働かせる。

土地のつくりはどのように変化していくのだろうか。

〈地震〉
・大きな地しんが起きたときは、小さな範囲でも土地が
　下がったり、上がったりしていることが分かった。

3

グループで作成した資料	グループで作成した資料	グループで作成した資料	グループで作成した資料

・川が流れている地域は、水のはたらきによっ　　・長い年月をかけないと、学習してきたよう
　てしん食されている可能性が高い。　　　　　　な地層はできない。

> しんや火山のふん火などによって土地のつくりを大きく変化させることがある。

---

3 地震について調べた
グループが発表する　　〈15分〉

・地震が原因となって、土地のつくりに変化を
　与えているという「原因と結果」の見方を働
　かせる。

4 地震や火山と土地のつくりについて、
自分の考えをノートにまとめる〈10分〉

「それぞれのグループの発表を聞いて、新しく
疑問に思ったことや、解決したことを基に自分
なりに結論を出し、ノートにまとめましょう」
・前時に提示した資料のような土地の様子がど
　うして起きるのかについて、自分の考えを
　ノートにまとめる。

9 月と太陽 B (5) 5時間扱い

単元の目標

月と太陽の位置に着目して、これらの位置関係を多面的に調べる活動を通して、月の形の見え方と月と太陽の位置関係についての理解を図り、観察、実験などに関する技能を身に付けるとともに、主により妥当な考えをつくりだす力や主体的に問題解決しようとする態度を育成する。

評価規準

知識・技能	思考・判断・表現	主体的に学習に取り組む態度
①月の輝いている側に太陽があることや、月の形の見え方は、太陽と月との位置関係によって変わることを理解している。 ②月の形の見え方について、観察、実験などの目的に応じて、器具や機器などを選択し、正しく扱いながら調べ、それらの過程や得られた結果を適切に記録している。	①月の形の見え方について、問題を見いだし、予想や仮説を基に、解決の方法を発想し、表現するなどして問題解決している。 ②月の形の見え方について、観察、実験などを行い、月の位置や形と太陽の位置との関係について、より妥当な考えをつくりだし、表現するなどして問題解決している。	①月の形の見え方についての事物・現象に進んで関わり、粘り強く、他者と関わりながら問題解決しようとしている。 ②月の形の見え方について学んだことを学習や生活に生かそうとしている。

単元の概要

本単元では、数日にわたって、月の位置や形と太陽の位置を実際に観察したり、電灯やボールを太陽や月に見立てたモデル実験や図で表したりするなどの活動を通して、太陽と月との位置関係について多面的に調べる。月の輝いている側に太陽があることや、月の形の見え方は太陽と月との位置関係によって変わることについての理解を図るようにする。

指導のポイント

⑴本単元で働かせる「見方・考え方」

本単元は、「地球」を柱とする領域に位置付けられており、子供が自然事象を主に「時間的・空間的」な見方を働かせて追究することが大切である。具体的には、月の形の見え方を調べる活動を通して「日によって」といった視点（時間的）や、「月の輝いている側」「太陽と月との位置関係」といった視点（空間的）などの「時間的・空間的」な見方を働かせて、月の形の見え方を捉えるようにする。その際、地球から見た太陽と月の位置関係で扱うことに留意する。また、第6学年で重視される「多面的」という考え方を働かせることも大切である。具体的には、実際に観察した複数の日の観察記録と太陽や月に見立てたモデルで表した物を結び付けて考えながら問題を解決できるようにする。

⑵**本単元における「主体的・対話的で深い学び」**

　「主体的な学び」については、月の形の見え方について興味・関心を高めるために、昼間の学習時間で観察が可能な下弦の月の頃に学習を設定し、教師と子供みんなで観察を行うなどの工夫が必要である。実際に行う月や太陽の観察で得られる気付きや疑問から、自分達で観察、実験を通して解決できそうな問題を見いだすことができるようにする。

　「対話的な学び」については、粘り強く、他者と関わりながら問題解決をし、月の形の見え方について、より妥当な考えをつくりだすことができるようにするために、ペアやグループなどの学習形態を工夫して、子供同士で話し合いながら観察、実験をして追究できるようにする。また、太陽や月という自然界に存在する物とそれらに見立てたボールや電灯を用いたモデル実験を行うことで、子供と自然事象との対話ができるような工夫も必要である。

　これら2つの工夫と「理科の見方・考え方」を働かせて問題を科学的に解決する学習活動を充実させることで「主体的・対話的で深い学び」の実現を図り、子供に本単元で目指す資質・能力の育成を図ることができるようにする。

指導計画（5時間）　　詳細の指導計画は 💿09-01参照

時	主な学習活動	評価
1	○資料を基に、月の形の見え方が何によって変わるのか話し合い、月の位置や形と太陽の位置とを関係付けた根拠のある予想や仮説を発想し、表現し、観察計画を立てる。	思①
2・3	**観察1** 午前中に見える月（下弦の月の頃）について、その形や位置と、太陽との位置関係を調べる。 **観察2** 2～3日後の同時刻同地点で、月の形や位置と、太陽との位置関係を調べる。	知② 態①・態②
4・5	**実験** 太陽と月の位置関係で月の形がどのように違って見えるかをモデル実験で調べる。 ○観察1、2とモデル実験から、月の位置や形と太陽の位置との関係について話し合い、まとめをする。	知①・思②

第①時

月の形の見え方が何によって
変わるのか話し合う

(本時のねらい)
・月の形の見え方の違いについて、月と太陽の位置関係に着目して話し合う活動を通して、月や太陽について観察する計画を立てることができる。

(本時の評価)
・月の形の見え方について問題を見いだし、予想や仮説を基に、解決の方法を発想し、表現している。思①

(準備するもの)
・数種類の月の写真資料

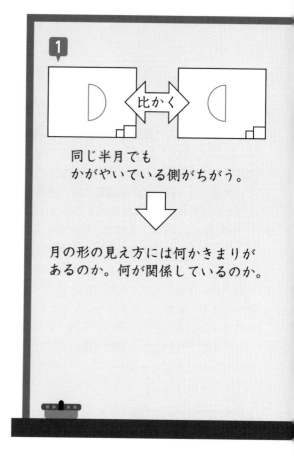

同じ半月でも
かがやいている側がちがう。

↓

月の形の見え方には何かきまりが
あるのか。何が関係しているのか。

(授業の流れ) ▷▷▷

1 2枚の月の写真を比較し、問題を見いだす 〈10分〉

・2種類の半月の写真を比較して、月の形の見え方に問題意識をもつ。

「2つの月の形を見て、どのようなことを疑問に思いましたか」

2 月の形の見え方について、予想し発表する 〈10分〉

・既習の内容を想起して、日によって月の形の見え方が変わるという「時間的」な見方を働かせる。
・2枚の写真を比較して、月の輝いている側が違うと太陽の位置が違うのだろうという「空間的」な見方を働かせる。

「月の形の見え方には何かきまりがあるのでしょうか。何が関係しているのでしょうか」

問題 | 月の形の見え方は何によって変わるのだろうか。

2 予想
・月は太陽の光を反射してかがやいていると思う。
　→月や太陽の表面がどのような様子なのか調べる。
・日によって、月の形の見え方がちがうと思う。
　→4年生で学習したとき、日によって、同じ時刻でも月の位置がちがった
　　から。
・月の位置と太陽の位置の関係で、月の形の見え方がちがうと思う。

3 観察計画
・太陽の位置をそろえるために、2日間同じ時刻に同じ場所で観察をする。
・方位磁針、しゃ光板、そう眼鏡、望遠鏡を用意する。
・月の形と位置と太陽の位置を観察し、記録する。

4 結果の見通し
・太陽の位置が変わらなくても、月の位置が変わると月の形の見え方
　はちがうはずだ。

3 月と太陽の観察計画を立てる　〈15分〉

・個人で、予想を確かめるための方法を考える。
「どのようにすれば月の位置と太陽の位置、月の形の見え方の関係が調べることができるのか考えよう」
・既習の内容や生活経験から、観察に必要な道具を想起するようにする。
・太陽の位置を揃えるために同時刻同地点での観察を行うようにする。

4 結果の見通しを考え、観察の準備をする　〈10分〉

・全体で確認された方法で調べた場合、予想が確かめられたときの結果を見通す。
「太陽の位置が変わらなくても、月の位置が変われば月の形の見え方はどのように違うのか考えてみましょう」

第②／③時

月の形や位置と太陽との
位置関係を観察して調べる

本時のねらい

・月の形や位置と太陽との位置関係を観察して調べ、月の形の見え方について見いだした考えを基に、モデル実験の内容を検討しようとすることができる。

本時の評価

・月の形の見え方について、観察などの目的に応じて、機器を選択し、正しく扱いながら調べ、それらの過程や得られた結果を適切に記録している。知②
・月の形の見え方について進んで関わり、粘り強く問題解決しようとしている。態①
・月の形の見え方について、観察記録をモデル実験の内容に生かそうとしている。態②

準備するもの

・ワークシート ● 09-02
・方位磁針　　・遮光板　　・双眼鏡、望遠鏡

ワークシート ● 09-02

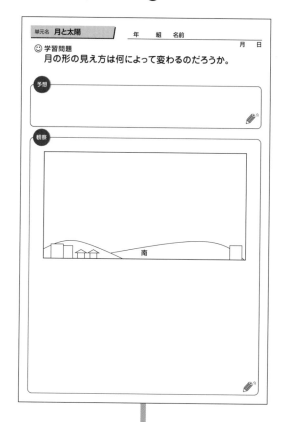

単元名 **月と太陽**	年　組　名前
	月　日

☺ 学習問題
　月の形の見え方は何によって変わるのだろうか。

予想

観察

南

授業の流れ ▷▷▷

1 前時の学習を振り返り、
問題を確認する　　　〈10分〉

・前時の学習の内容を確認する。
・目印になる建物、月と太陽の方位や高度、月の形を観察の視点として確認をする。
・観察するための道具として、方位磁針、遮光板、双眼鏡、望遠鏡などを用意する。道具の正しい扱いについて指導する。
「月の形や位置と、太陽の位置を調べて記録しましょう」

2 観察1 月や太陽について観察し、
ワークシートに記録する　〈35分〉

・南側を向いた空全体の中で、太陽と月のある方位と高度をワークシートに記録する。
「太陽と月はどの方位にそれぞれありますか。月はどのような形をしていますか」
・月の表面にクレーターがあることに気付くよう声かけをする。
「月の表面にはどのようなものがありますか」

月の形や位置と太陽との位置関係を観察して調べる
190

1 問題 月の形の見え方は何によって変わるのだろうか。

予想 月と太陽の位置によって変わると思う。

2 観察1 □月□日の月の形や位置と、太陽の位置を調べて記録する。

結果1 ・月のかがやいている側に太陽がある。
・月の表面には、でこぼこがある。→クレーター

3 観察2 □月△日の月の形や位置と、太陽の位置を調べて記録する。

結果2 ・太陽に近い位置になると、月の形は細くなった。

4 考察 ・月と太陽との位置関係によって、月の形は変わりそうだ。
・太陽に近づいたら、月はもっと細くなると思う。
・太陽の反対側にあるときには、反対側がかがやくと思う。

---

3 観察2 月や太陽について観察し、ワークシートに記録する 〈20分〉

・観察1の月の形の見え方と位置とを比較することができるように、ワークシートに記録する。
「観察1と同じワークシートに、月の形や位置を記録しましょう」
「観察1と2では、月の位置や形にどのような違いが見られましたか」

4 観察記録を基に話し合い、モデル実験の内容を検討する 〈25分〉

・観察記録を基に話し合う。もっと多くのデータが必要なことから、モデル実験の必要性に気付くことができるようにする。
「もっとたくさんの結果が必要になりそうですね。これまで、何かに見立てて調べたことはなかったかな」
・月と太陽をそれぞれ何に見立てて実験をするのか話し合い、計画を立てるようにする。

第④／⑤時

モデル実験で、月の形や位置と太陽との位置関係を調べる

・月の形の見え方の違いについて、ボールや電灯を月や太陽に見立てたモデル実験で調べる活動を通して、月の位置や形と太陽の位置との関係について捉えることができる。

（本時の評価）

・月の輝いている側に太陽があることや、月の形の見え方は、太陽と月との位置関係によって変わることを理解している。知①

・実際に観察した結果とモデル実験の結果とを結び付け、月の位置や形と太陽の位置との関係について、より妥当な考えをつくりだし、表現している。思②

（準備するもの）

・電灯（スポットライトなど）
・月（バスケットボールなど）
・観察1、2の記録

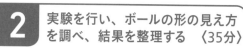

1 問題

月の形の見え方は何によって変わるのだろうか。

予想　月の位置と太陽の位置の関係で、月の形の見え方がちがうと思う。

実験　・月→バスケットボール、太陽→スポットライトに見立てて、モデル実験をして確かめる。

結果の見通し

ボール（月）を電灯（太陽）に近付けたら明るい部分の形は細くなるはずだ。

（授業の流れ）▷▷▷

1 問題、予想、方法を確認する 〈10分〉

・前時までの学習を想起して、問題や予想、方法を確認し、結果の見通しをもつことができるようにする。

「月をボール、太陽を電灯に見立てたモデル実験をして確かめましょう」

2 実験を行い、ボールの形の見え方を調べ、結果を整理する 〈35分〉

・観察1、2の記録とモデル実験で分かったことが結び付くように、ボールを持っていない方の手で電灯を指して、ボールと電灯の位置関係を確認するようにする。

・地球から見た月の形の変わり方として捉えるために、輝いている側の左右を方位で表現するようにする。

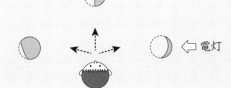

←電灯

3 ○ボール（月）の電灯（太陽）がある側が輝いている。
　○ボール（月）の位置によって輝いている側の見え方がちがう。
　○ボール（月）が電灯（太陽）に近付くほど、輝いている側の形が細くなっている。ボール
　　（月）が電灯（太陽）から遠ざかるほど、輝いている側の形が太くなっている。

考察 予想どおり、バスケットボール（月）の位置とスポットライト（太陽）の位置関係が
　　　変わると、ボール（月）の形の見え方がちがう。

4 結論　月の形の見え方は、月と太陽との位置関係によって変わる。

---

3 実験の結果を基に、月の形の見え方について考え、発表する〈25分〉

「ボールと電灯の位置関係によって、ボールの明るい部分の形はどのように変わりましたか」
・実験と観察1、2を結び付けて考察をすることができるように、ボールを月、電灯を太陽に見立てていることを確認しながら話合い活動を行う。
「実験と観察1、2で共通しているところは何でしょうか」

4 月の形の見え方について結論をまとめる　〈20分〉

・問題を改めて確認し、実験と観察1、2の結果や考察から、月の位置や形と太陽の位置について、より妥当な考えとしての結論としてまとめる。
「問題を見て、今回の結論をまとめましょう」
・より深い学びとするために、結論をまとめた後、改めて実験をしたり、月を観察したりする場を設定する。

編著者・執筆者紹介

[編著者]

鳴川　哲也（なるかわ・てつや）　　文部科学省初等中等教育局教育課程課 教科調査官
国立教育政策研究所教育課程研究センター研究開発部
教育課程調査官・学力調査官

1969年福島県生まれ。福島県の公立小学校教諭、福島大学附属小学校教諭、福島県教育センター指導主事、公立学校教頭、福島県教育庁義務教育課指導主事を経て、平成28年度より現職。
著書に『アクティブ・ラーニングを位置付けた小学校理科の授業プラン』（編著、明治図書出版、2017）、『小学校理科指導スキル大全』（編著、明治図書出版、2019）、『イラスト図解ですっきりわかる理科』（共著、東洋館出版社、2019）がある。

山中　謙司（やまなか・けんじ）　　北海道教育大学旭川校 准教授

1971年北海道生まれ。北海道教育大学大学院で学んだ後、北海道の小学校教諭、文部科学省国立教育政策研究所教育課程研究センター研究開発部学力調査官・教育課程調査官（小学校理科）を経て、現職に至る。国立教育政策研究所では、全国学力・学習状況調査の問題作成および分析、学習指導要領改訂の作業を担当。専門は、学校臨床・理科教育学。
著書に『アクティブ・ラーニングを位置づけた小学校理科の授業プラン』（編著、明治図書出版、2017）、『イラスト図解ですっきりわかる理科』（共著、東洋館出版社、2019）がある。

[執筆者] ＊執筆順。所属は令和2年2月現在。

鳴川　哲也	（前出）	●まえがき ●資質・能力の育成を目指した理科の授業づくり
山中　謙司	（前出）	●第6学年における授業のポイント ●第6学年における板書のポイント
土屋　寿美	岐阜県関市立富岡小学校教諭	● 1　燃焼の仕組み
佐々木　歩	北海道札幌市立八軒西小学校教諭	● 2　水溶液の性質
藤井　祐矢	岐阜大学教育学部附属小学校教諭	● 3　てこの規則性
高屋　智寛	青森県三沢市立三沢小学校教諭	● 4　電気の利用
下吉　美香	兵庫県神戸市立雲中小学校教諭	● 5　人の体のつくりと働き
岩本　哲也	大阪府大阪市立味原小学校教諭	● 6　植物の養分と水の通り道
松田　善行	大阪府大阪市立滝川小学校教諭	● 7　生物と環境
尾方　優祐	神奈川県横浜市立白幡小学校教諭	● 8　土地のつくりと変化
尾上　大悟	福岡県北九州市立田原小学校教諭	● 9　月と太陽

『板書で見る全単元・全時間の授業のすべて　理科　小学校 6 年』付録 DVD について

・各フォルダーには、以下のファイルが収録されています。
①　板書の書き方の基礎が分かる動画（出演：成家雅史先生）
②　授業で使える短冊類（PDF ファイル）
③　学習指導案のフォーマット（Word ファイル）
④　詳細の指導計画
⑤　児童用のワークシート（PDF ファイル）
⑥　黒板掲示用の資料
⑦　イラスト
・DVD に収録されているファイルは、本文中では DVD のアイコンで示しています。
・これらのファイルは、必ず授業で使わなければならないものではありません。あくまで見本として、授業づくりの一助としてご使用ください。
※イラスト素材のファイル番号は便宜的に振ってあるため、欠番がある場合があります。ご了承ください。

【使用上の注意点】
・この DVD はパソコン専用です。破損のおそれがあるため、DVD プレイヤーでは使用しないでください。
・ディスクを持つときは、再生盤面に触れないようにし、傷や汚れ等を付けないようにしてください。
・使用後は、直射日光が当たる場所等、高温・多湿になる場所を避けて保管してください。
・PDF ファイルを開くためには、Adobe Acrobat もしくは Adobe Reader がパソコンにインストールされている必要があります。
・PDF ファイルを拡大して使用すると、文字やイラスト等が不鮮明になったり、線にゆがみやギザギザが出たりする場合があります。あらかじめご了承ください。

【動作環境　Windows】
・〔CPU〕Intel® Celeron® プロセッサ360J1. 40GHz 以上推奨
・〔空メモリ〕256MB 以上（512MB 以上推奨）
・〔ディスプレイ〕解像度640×480、256色以上の表示が可能なこと
・〔OS〕Microsoft Windows10以降
・〔ドライブ〕DVD ドライブ

【動作環境　Macintosh】
・〔CPU〕Power PC G4 1.33GHz 以上推奨
・〔空メモリ〕256MB 以上（512MB 以上推奨）
・〔ディスプレイ〕解像度640×480、256色以上の表示が可能なこと
・〔OS〕Mac OS 10.12（Sierra）以降
・〔ドライブ〕DVD コンボ

【著作権について】
・DVD に収録されているファイルは、著作権法によって守られています。
・著作権法での例外規定を除き、無断で複製することは法律で禁じられています。
・DVD に収録されているファイルは、営利目的であるか否かにかかわらず、第三者への譲渡、貸与、販売、頒布、インターネット上での公開等を禁じます。
・ただし、購入者が学校での授業において、必要枚数を児童に配付する場合は、この限りではありません。ご使用の際、クレジットの表示や個別の使用許諾申請、使用料のお支払い等の必要はありません。

【免責事項】
・この DVD の使用によって生じた損害、障害、被害、その他いかなる事態についても弊社は一切の責任を負いかねます。

【お問い合わせについて】
・この DVD に関するお問い合わせは、次のメールアドレスでのみ受け付けます。　tyk@toyokan.co.jp
・この DVD の破損や紛失に関わるサポートは行っておりません。
・パソコンやアプリケーションソフトの操作方法については、各製造元にお問い合わせください。

板書で見る全単元・全時間の授業のすべて
理科 小学校 6 年
～令和 2 年度全面実施学習指導要領対応～

2020（令和 2 ）年 4 月 1 日　初版第 1 刷発行
2024（令和 6 ）年 6 月 21 日　初版第 3 刷発行

編 著 者：鳴川哲也・山中謙司
発 行 者：錦織圭之介
発 行 所：株式会社東洋館出版社
　　　　　〒101-0054　東京都千代田区神田錦町 2 丁目 9 番 1 号
　　　　　　　　　　　コンフォール安田ビル 2 階
　　　　　代　　表　電話 03-6778-4343　FAX 03-5281-8091
　　　　　営 業 部　電話 03-6778-7278　FAX 03-5281-8092
　　　　　振　　替　00180-7-96823
　　　　　U　R　L　https://www.toyokan.co.jp

印　　　刷：藤原印刷株式会社
製　　　本：岩岡印刷株式会社
編集協力：株式会社ダブルウイング

装丁デザイン：小口翔平＋岩永香穂（tobufune）
本文デザイン：藤原印刷株式会社
イラスト：赤川ちかこ（株式会社オセロ）
DVD 制作：秋山広光（ビジュアルツールコンサルティング）
　　　　　　株式会社オセロ

ISBN978-4-491-03998-5　　　　　　　　　　Printed in Japan